大展好書　好書大展
品嘗好書　冠群可期

大展好書　好書大展
品嘗好書　冠群可期

道學文化 4

張澤洪／編著

步罡踏斗

——道教祭禮儀典

大展出版社有限公司

編委會

顧問：付圓天　卿希泰　李養正

主編：王家祐　譚洛非

副主編：蔡行端　郝勤（常務）

李剛　黃海德

編委（按姓氏筆劃排列）

王家祐　王慶餘　甘紹成

孫旭軍　李剛　沙銘壽

曠文楠　楊光文　張澤洪

郝勤　黃海德　蔡行端

譚洛非

總序

中華道學歷史源遠流長，内容博大精深，既是中華民族的文化精華，又是世界文明的寶貴財富。

道家歷來崇尚黄帝。黄帝是中華民族的創始者，五千年的偉大中華文明皆同黄帝有着千絲萬縷的聯繫，現在我們中國人仍然説自己是黄帝的子孫。先秦時代，道家之祖老子著《道德經》五千言，影響深遠，道家思想遂蔚爲『顯學』。道教創立，奉老子爲教主，以其《道德經》爲主要經典，規定爲教徒必須誦習的功課，道家與道教融合而爲中華道學。幾千年來，它經過長期的演變和發展，積累成豐富的道學文化，對中國社會的政治、經濟、哲學、倫理道德、文學藝術、醫藥學、養生學、文化學以及民族心理、社會風俗等方面都產生了十分深刻的影響，起過相當重大的作用。因此，如果不瞭解中華道學的豐富內容，也就不可能全面、深刻地瞭解中國的歷史和文化。在現今中國建設現代化國家的過程之中，也需要吸取道學文化的精華，以推進中華民族的精神文明和物質文明建設。

一

中華道學文化的核心是『道』。那麼，什麼是『道』？

老子認爲，『道』是產生宇宙萬物的總根源，也是天地之間萬事萬物盛衰變化的總規律。《道德經》開章明義就講：『道可道，非常道；名可名，非常名。無名，天地之始。有名，萬物之母。』大道既無形象，又無名稱，不能用人類的語言和文字去形容它、描述它。《清靜經》說：『大道無形，生育天地；大道無情，運行日月；大道無名，長養萬物。』故大到宇宙空間，小到瓦礫微塵，無不有『道』的存在。《道德經》四十二章說：『道生一，一生二，二生三，三生萬物。』學者們評述說，這是老子在中國哲學史上首次提出的宇宙創生模式。對於這些話，我是這樣理解的：『道』即是無形無象的浩然正氣，在宇宙還未形成之前的混沌時期，由浩然之氣將混沌一分爲二，分出了陰陽天地；之後，又是浩然之氣運行日月，天生成萬物，地長養萬物，如此週而復始，永不停止，『獨立而不改，週行而不殆』。大道化生萬物以後，『生而不有，爲而不恃，長而不宰』，讓萬物自然生長，『夫莫之命而常自然』。

二

『道』的法則落實在社會層次方面，這就是人們的道德行爲規範。老子說：『人法地，地法天，天法道，道法自然。』按照『道』的原則行事，這個行爲規範的核心就是『清靜』、『無爲』和『自然』。也就是說，人們應該效法『天道』，體會天地自然的規律，順其自然地把握自己，成就高尚、完整的人生境界，才能獲得人生與社會的永恒。

人生一世，應該和諧、美滿與幸福，人們相互理解、幫助、支持，與自然相協調。但是，怎樣才能實現這樣的人生目標呢？我想首先應該做到道家的『清靜』。老子認爲『清靜可以爲天下正』，意即清靜是天下最高的法則，心清神靜，就可以處理好天下之事。道家的『清靜』並不是現代語言中的安寧寂靜之意，而是去私寡慾、摒除雜念的意思。在老子看來，這是一種最高的人生境界。老子認爲，一個人只有不斷地反省自己，剔除從外在環境沾染上的私慾雜念，才會像渾濁的流水一樣，靜止下來重新變清。人出生之時，自然純淨，一無所有，隨着生命歷程的展開，逐漸生出和沾染上種種慾念，如果不時時用淡泊寧靜的『道』來抵禦心中的私慾雜念，整日爭名逐利，耽於聲色犬馬，就會迷失生活的方向，步入生命的歧途。人生路向誤導的結果，便是『甚愛必大費，多藏必厚亡』，爲身外之物破費精神，耗盡心力，到頭來一無所有，空拋却寶貴的人生。明於此，就當『致虛極，守靜篤』，堅守清靜自然之道，人生於是走上正軌。

『無爲』是道學的中心思想，早爲人們所熟知，但是相當多的人對它並沒有正確的理解，祇是望文生義地解釋爲『無所作爲』；其實，道家的『無爲』是順其自然，按照天道自然的法則辦事，不妄作爲的意思。老子《道德經》中說，『無爲而無不治』，『無爲而無不爲』，這才是『無爲』的真正宗旨。譬如人生處世，有人用淡泊寧靜的心與利於他人的觀念去面對世間一切事物，不貪婪，不存非分之想，總想爲社會做點力所能及的好事，用這樣的心情去對待家庭，尊老愛幼，『老吾老以及人之老，幼吾幼以及人之幼』。這樣，他就會受到人們的尊重，自身又無掛礙，無煩惱，既能適應繁忙的事務，又能神清氣爽，內心寧靜，得到充分休息，使體內的組織細胞保持正常的新陳代謝，滋養生息，長此以往，他自會身強體壯，延年益壽。這就是『無爲』的人生實踐。反之，如果有人總想『有爲』，貪慾之心太重，隨時想把別人的財富據爲己有，貪贓枉法，胡作非爲，『不知常，妄作兇』，每天都在煩惱與恐怖中生存，結果只能加速自身的死亡。人是天地之間一衆生，如果人人都用道家『無爲』的思想告誡自己，規範自己的行爲，用淡泊寧靜的心和利於他人的意念去生活，去工作，去創造，那麼人類自然就會和諧相處，社會自然得到平衡發展。

三

世人都有永生的願望，這是人類自古以來便有的傳統。從遠古開始，中國人的内心深處就藏着一個秘密願望——長生不老，不死長存。這樣的民衆心理，由中國道教神仙長生的生命哲學充分顯示了出來。道教信仰神仙長生，認爲世間具有上根之人通過修習神仙之道，可以使生命獲得永恒不朽。儘管到目前爲止，長生不死尚無實證，但長期以來道教對這一境界的追求，却產生了不少有益於人類的寶貴文化遺產，在人類探索養生長壽之道的歷史進程中做出了獨特的貢獻。

道家與道教的生命科學實踐，主要有道教醫學、道教養生學、道教仙學三個方面的内容。道教醫學與中醫學有密切的血緣關係，但又以其祝由、秘方、氣功診病治病等構成獨立於中醫之外的獨特醫療治病系統。道教養生學包括導引行氣（即今之氣功）、食養食補及日常生活等方法、技術和理論。它構成了中國傳統養生學和保健學的主體與基本内容。道教仙學包括内丹、外丹等修仙之術，雖然其中含有一定的宗教内容，但却對人體科學、智能開發以及古代化學等領域的研究實踐做出了重要貢獻。

道教主張『我命在我不在天』，即人的生命由自己控制掌握，人發揮自我主體能動性，可以延續生命的長度，提高生命存在的質量。這方面的途徑和方法是多種多樣的，可以歸結爲兩大方面：一方面是養生，一方面是道德修養。這種關於生命科學的歷史實踐，對於現代社會具有重大的現實意義。它在理論和方法手段上彌補了西方近現代醫學、保健學與實踐體系的不足。

首先，道家與道教主張在養生活動中應當身心並重、形神俱完、性命雙修；在形體保健中强調心智完整與道德修養的雙重意義。這種以修德養性爲養生第一要務的修道特徵，對於今天社會具有相當重要的指導意義。

其次，道學提倡全面養生，即從精神修養、飲食、鍛鍊以及日常生活衛生等各個方面來進行養生、發展身體、增進健康與延長壽命。道家和道教反對偏頗和單一的修煉，認爲生命是一個大系統，必須從各個方面、採用各種方法和手段來加以養護和發展。

其三，道家與道教認爲生命健康長壽的關鍵是人體內部精、氣、神的充盈旺盛。因而養生治身的原則是動靜結合、內外結合、煉養結合、形神結合，重在提高與發展人的內在精神和生理水平。其手段方法也就不是那種激烈的運動和比賽，而是重視靜養精神、內煉精氣、導引形體、飲食補養，從而構成了在世界醫療保健體系中堪稱獨樹一幟的具有中國傳統文化特色的養生文化體系。

由此可知，道教養生的方法無疑對延長人的生命，充實人的生活具有重要的意義；然而，僅僅如此還是不够的，生命還欠缺了一方面，不能盡善盡美。要使生命發出光華，萬古不朽，還必須在道德上下功夫，通過自我努力，成爲道德上無懈可擊的君子。養生加道德實踐，這才是完美的人生，這才是生命的坦途，這才能够不朽。這就是道教生命的哲學的主體性原則。

道教認爲，要想從根本上解脫生死的煩惱，使人生走向永恒，必須加强身心的修煉，過一種合乎道德的生活。道教經典從《太平經》、《清靜經》到後來民間流行的功過格，都提倡人生在世，應該多行善事。一個行善的人，光明正大，心中充滿正氣，活得自在踏實，所謂『爲人不做虧心事，半夜敲門心不驚』，這種充滿浩然正氣的心態對生理健康大有好處。人的長壽是由心理健康和生理健康交互作用而完成的，一個具有善良意志的人，心地是清靜無爲的，摒棄了種種邪惡慾念，一心向善，自然有利於身體安康。

總之，德行充實者必會長壽，這是道教用『道』指導人生解決生命問題的一個準則，它對於世界文明和人類健康長壽事業具有重大的價值。

道教認爲，要想長生不老，僅有個人的道德實現是不完美的，還必須濟世救人，利他利民，建功立德。如果僅滿足個人的修煉，只能拯救自我的生命，這是很不够的，而且不能證道成仙。只有廣建陰德，濟物救世，行種種方便，做無量善事，拯救普天之下人們的生命，自己的生命才能得到拯救。道教文化中保存了許多中華民族的美德，如孝敬父母，敬老恤孤，憐貧憫疾，先人後己，損己濟物，助人爲樂，濟人貧困，解人之厄，扶人之危，抑惡揚善等等。這些美德都值得發揚光大，以淨化社會的空氣。

四

道教不僅試着解決生命的最終歸宿，而且熱切關懷生命存在的質量高低問題，也就是關心世人是否生活得幸福快樂。

怎樣才算是幸福生活？古今中外的哲學家、宗教家都在探討這一問題。古希臘的哲人德謨克里特告訴人們：幸福不在於佔有畜羣，也不在於佔有黃金，它的居處是在我們的靈魂之中。古希臘的另一大哲人亞里斯多德認爲，人的心靈可分爲『理智德性』和『道德德性』兩大部分，人們祇要具備了這兩種德性，並進而使兩者處於有秩序的和諧狀態，就進入幸福和至善的境界。所以他認爲，幸福就是心靈完全合於德行的活動。老子以『無爲』作爲人類本性和最高的道德，認爲『道常無爲』。無爲包含有無慾的意思在內，這種無慾無爲的道德，老子又把它叫做『自然』，講『道法自然』。人按照道的這種無爲無慾生活即是幸福。老子讚美『貴柔』、『知足』、『不爭』等品行，在道德修養方法上主張『少私寡慾』、『爲道日損』、『滌除玄覽』等。認爲據此修行，人生就可以免禍得福。

道教的幸福觀可以說與以上中外哲人的思想頗有異曲同工之妙。道教認爲，幸福不在於佔有物質財富的多寡，物慾的滿足並不意味着就是幸福。比如餐宴過度之後人們常常感到腸胃的痛苦便是一例。道教同樣認爲，精神的因素在幸福中佔有很大的比例，主張精神上逍遙自在，不爲外面的花花世界所勾引，不爲外物所染，心靈便清靜明亮。心如赤子，知足常樂。精神上與至善的德行合拍，人就生活得充實美滿。道教繼承老子，主張無慾無爲。所謂無慾，不是禁慾，不是『存天理，滅人慾』，而是合理地控制自己的慾望。人慾是貪得無厭的，如不加以控制，就會走火入魔，縱慾傷身，談何幸福？所謂『樂極生悲』，就是縱慾過度，帶來的只是痛苦。因此合理控制自我慾望，既不縱慾，也不禁慾，適度得中，就找到了幸福的感覺。所謂『無爲』，並不是坐享其成，什麼事也不幹，而是不妄爲，不亂來。比如君子愛財，取之有道，這就不是胡作非爲，就屬於『無爲』的範疇。搞假藥假酒，以假冒僞劣產品坑人騙人，甚至不惜圖財害命，這就不屬於道教講的『無爲』，而是屬於『有爲』。有爲必傷生，最終弄巧成拙，在人生舞臺上演出一幕幕悲劇，哪裏還有幸福可言？所以按照『無爲』的原則生活，就是讓自己的行爲合乎自然規律，合乎道德規範，過一種合乎理性的生活。無慾無爲，效法自然，按照這一原則去生活，去體證生命，相信一定會達到一個新的人生境界。

五

成都恩威集團與四川省社會科學院聯合創辦了『中華道學文化研究中心』，其宗旨是『弘揚中華文化，光大民族美德，繁榮學術研究，促進社會文明』。爲此，中華道學文化研究中心邀請了一批在道教研究方面卓有建樹的專家、學者，編撰了這套『道學文化』叢書，包括有道教醫學、道教內丹與養生學、道教倫理、道教神系、道教儀禮、道教文學、道教音樂、道教宮觀等方面的內容。旨在客觀介紹，以使熱心中華文化的社會各界人士對道學文化有一客觀、正確、全面的瞭解。在此基礎上，我們再進而發掘這座思想文化的寶庫，用之於當用之處，無疑將對現代社會的發展起到一定的推動作用。我相信，炎黃子孫，同心協力，必能使中華民族之傳統文化發揚光大！

薛永新

目録

三、醮壇儀範

引言

縱觀人類文明史的過去與現在，宗教確乎是人類社會的一種普遍現象。無論是流播於世界範圍的佛教、基督教、伊斯蘭教、還是形形色色、舉不勝舉的各民族民間宗教，没有一種宗教没有宗教儀式。可以說：宗教儀式是任何一種宗教的最重要的特徵之一，是宗教最重要的組成部分。所以，要瞭解、認識、研究一種宗教，就離不開對宗教儀式的探討。

正因為如此，本書要介紹道教祭禮儀典——齋醮。

齋醮，即供齋醮神，設壇祭禱神靈，是道教特有的宗教儀式，也是道士所從事的主要宗教活動。齋醮的內容有清吉身心、設壇擺供、焚香、化符、存想、念咒、掐訣、叩齒、上章、誦經、讚頌，並配以音樂、燈燭和禹步等儀範程式。齋醮的目的是使人與神靈溝通，祈禱神仙保佑，賜福消災度厄。

齋醮之法的產生、形成和完善，是道教發展歷史的重要表現。中國道教豐富的齋醮儀式，蘊含着道教文化的精粹。作為一種文化現象，它能流傳千載，演習至今，自有其存在的理由。齋醮，能表達炎黃子孫的生存需求和美好願望，神聖醮壇那虔誠地誦經、默默地禱告，寄托着人們的宗教幻想，祈求上天護國佑民，風調雨順，羣生康樂，天下太平；期望亡靈冤魂拔度，萬罪冰消，永脱沉淪，早昇天界，這是齋醮永恒的主題。

齋醮法事中那莊嚴的壇場，凛然的神像，琳琅的法器，飄揚的旗幡，時新的供果，氤氳的靈香，長明的燈燭，步虛聲聲，仙樂陣陣，高功法師，步罡踏斗，散花繞行，掐訣叩齒，存神通真，豐富多彩的科儀演習，使古今文人學士讚羨不已。

時至今日，逢三元八節，祖師誕辰，名山宮觀的齋醮法會，仍是香客雲集，遊人如潮。

一、齋醮源流

（一）齋醮之源

齋醮具有悠久的歷史。道教作為中國土生土長的宗教，植根於中國傳統文化的土壤，先秦之鬼神崇拜和巫祝之術，就是道教齋醮儀式之淵源。早在夏商周時期，統治者為鞏固其王權，就設立了巫史之官。《說文解字》釋「巫」：「以舞降神者也。」先秦時代的巫，以通神、事神、降神、娛神之本領，為國家祭祀與軍事、政治活動服務。先秦之祭禮，作為中國最發達之古俗，其發展高度已令人嘆為觀止。先秦時代的官巫，其職能是驗測國運、預卜戰爭、司掌宮廷祭祀。至於活動於下層民間的民巫，則司掌民間祈禳、求福，驅邪免災，預測豐歉，醫療病患。

至春秋戰國時期，巫祝祭禱悅神之風更盛於前。據《春秋谷梁傳》、《左傳》記載，當時由巫主持求雨的雩祭活動，規模愈益宏大，成為國家祭祀之大事。據唐沈亞之《屈原外傳》說，屈原曾遊於湘沅，所到之處，見楚先王廟及公卿祠堂內，皆有圖畫的天地、山川、神靈。原來湘沅民俗，喜好祭祀，祭時必以樂歌相伴，以博神靈喜悅，屈原感觸之下，揮筆而作《九歌》。今天我們在《楚辭·九歌》中，還可睹見那祭祀場面：祭壇上有桂酒椒漿，靈偃姣服，緩事安歌，竽瑟諧倡，芳菲滿堂。

巫術文化中的巫舞、占卜、禁忌、兆驗、讖緯、符咒，均為道教所承襲。人們說道教是具有濃厚巫覡色彩的宗教，這也不無道理。道教的神祇譜系源於巫之神鬼觀念，道教理論系統中關於天地人鬼的理念，又直接來自巫文化之原始崇拜和思維觀念。先秦巫覡的祀神儀式、巫術中的法器，均為道教齋醮所發展和運用。巫術中的驅鬼避邪、捉妖治蠱、呼風喚雨、招魂送亡，在道教齋醮的活動中，亦不鮮見。可以說，巫術活動中一些作法方式，心理定勢，甚至儀式、功能，均為道教齋醮所吸收。

早在秦漢時期，活動於各地的巫，已有楚巫、荆巫、梁巫、秦巫等。《史記·封禪書》記各巫職掌說：

其梁巫，祠天、地、天社、天水、房中、堂上之屬；晉巫，祠五帝、東君、雲中君、司命、巫社、巫祠、族人、先炊之屬；秦巫，祠社主、巫保、族累之屬；荊巫，祠堂下、巫先、司命、施糜之屬；九天巫，祠九天，皆以歲時祠宮中。其河巫，祠河於臨晉，而南山巫，祠南山、秦中。

至東漢道教創立之時，不能不受到如此隆盛之巫風的影響！道教的齋醮，是齋戒以告鬼神，它顯然源於巫的祀神、祈福等儀式。在我國羌族、彝族、白族、苗族、納西族等少數民族原始宗教的祭祀活動中，巫師為使儀式活動取得好效果，舉行法事之前皆要齋戒、沐浴，以便交於神明，充當人神之間聯繫的紐帶。而道教祭禮活動前，臨壇法師亦必齋戒，同樣是清潔身心，以交於神明。

道教齋醮活動要立法壇，這種醮儀即是巫儀的發展。如同巫師威靈靈、氣刹刹作法驅鬼一樣，道教法師頭戴寶冠、身披霞帔、手持玉簡，主持壇場法事，如下面要詳細介紹的，道教齋醮中有許多儀節，如立幕、啟奏、發符、招魂、行籙、立幡、誦經、祈禱、上表等，比較巫覡之祭儀，無論是法事的豐富細膩，還是壇場的規模氣派，大約都勝於巫儀。人類學家馬林諾夫斯基曾說：『現代宗教中有許多儀式乃至倫理，真實都源於巫術。』（《巫術科學宗教與神話》）道教齋醮源於巫術，又高於巫術，這歸功於歷代高道們的創造發揮，後世道教齋醮發展至數千人參加，做長達四十九天的道場，這是原始巫術所不可企及的。

明確了道教齋醮儀式的淵源，我們再來談什麼是齋醮。

1、齋之解釋

齋醮二字，在唐代以前並未連稱。『齋』的本義是潔淨、齋戒，《說文解字》釋『齋』說：『齋，戒潔也。』先秦時期，祭祀乃國家大事。古人在祭祀前，必須清潔身心，戒慎行為，絜誠以祭祀，方能取悦於鬼神，達到祭祀目的，故《禮記·典禮上》說：『齋戒以告鬼神。』《禮·祭統》明確說齋是齊整身心，防其邪物，絶其嗜慾，耳不聽樂，心不苟慮，手足不亂動。

周初，齋和祭祀已有密切關係。《史記·周本紀》記載說：周武王患病，而天下尚未安定，周公及衆大臣不勝憂懼，於是周公乃祓齋禱告，祈求武王病癒。這位周公，就是孔子極其推崇的西周初年政治家，孔子常夢見的周公，正是此人。經周公絜誠祭祀，武王果然病癒了。這以後，祭祀前的絜誠稱為『齋』。

春秋戰國時期，所謂『齋』，多指祭祀鬼神前的齋戒。孔子諄諄告誡弟子：齋、戰、疾三件事，應慎之又慎。他甚至把『齋』放在戰爭、疾病之前，可見時人對『齋』之重視。當時的『齋』似乎已有一定規矩，據說孔子齋時，衣食居處皆與平時不同，『齋必變食；居必遷坐』。（《論語·鄉黨篇》）齋戒並非好人才可作的事，孟子就說：『雖有惡人，齋戒沐浴，則可以祀上帝。』（《孟子·離婁篇》）墨子亦曾說：『天子有疾病禍祟，必齋戒沐浴，潔為酒醴粢盛，以祭祀天鬼，則天能除去之。』（《墨子·天誌》）當時甚至有天子率天下之萬民，齋戒沐浴，以祭祀天鬼之說。

齋是清吉以向神鬼示敬之意。齋的形式有沐浴、不飲酒、不吃葷。但這僅是外在形式的齋戒，是『祭祀之齋』，莊子在『祭祀之齋』外，提出『心齋』之說，認為真正的齋，應經內心修煉，才能臻於妙道。莊子的『心齋』之說，遂為道教所沿用。《雲笈七籤·齋戒敘》首先就引用了莊子的『心齋』之說，接着談道教的齋法說：

> 諸經齋法，略有三種：一者設供齋，以積德解愆；二者節食齋，可以和神保壽，斯謂祭祀之齋，中士所行也；三者心齋，謂疏瀹其心，除嗜慾也，澡雪精神，去穢累也，掊擊其智，絕思慮也。夫無思無慮則專道，無嗜無慾則樂道，無穢無累則合道，既心無二想，故曰一誌焉，蓋上士所行也。

可見心齋就是要清心寡慾，超凡脫俗，這種內心的齋戒，確非一般人所能做到的。

道教早期的經典，言及修齋之事，多指舉行祭祀儀式前的齋戒，認為學道修真不持齋，猶如夜行不持火燭，茫茫不得路徑，焉能與神感應交通。至劉宋時期，齋已不僅限於祭祀之前的絜誠修持。劉宋太極太虛真人撰《洞玄靈寶道學科儀·必齋品》說：

若道士女冠，誦經必齋，校經必齋，書符必齋，合藥必齋，作金丹必齋，精思必齋，詣師請問必齋，禮拜必齋，受經必齋，救濟消災必齋，致真必齋。

2、醮的由來

『醮』，《說文解字》釋醮有二義：一指古代冠、娶之禮；一指祭。古代男子在冠婚之時舉行的儀式可以稱『醮』，而古代的祀神活動亦稱為『醮』。戰國宋玉《高唐賦》說：

有方之士，羨門高谿，上成鬱林，公樂巨谷，進純犧，禱琁宮，醮諸神，禮太一。

（《文選》卷一九）

《竹書紀樂》亦記載：黃帝游於洛水之上，見大魚，殺五牲以醮之。《漢書·郊祀誌》記載說：宣帝時，有人言益州有金馬碧鷄之神，『可醮祭而致』，宣帝遣諫議大夫王褒，使持節而求之。據《王褒傳》，上言漢宣帝的人其實就是方士，而宋玉《高唐賦》中『醮諸神』的，正是羨門高等幾位著名的方士。這就説明：古代的醮祭活動可能是由方士主持的。方士們後來多成為道士，其醮祭活動自然為道教所承襲。道教之『醮』，《隋書·經籍誌》解釋説：

夜中於星辰之下，陳設酒脯餅餌幣物，歷祀天皇太一，祀五星列宿，爲書如上章之儀以奏之，名之爲醮。

早期道教醮祭的對象，主要是天皇太一、五星列宿，這和古代中國的信仰並無二致。太一為天之尊神，知風雨、水旱、兵革、饑饉、疾疫，無怪乎古代的方士，還是後代的道士，皆要祭祀太一。而五星列宿即東南西北中五方斗宿，道教稱五斗星君，其中尤以北斗崇拜最盛，道教認為北斗星君有回死註生之功，有消災度厄之力。早期道教醮祭的目的，多是醮謝罪孽，乞恩消災，益壽延年，這與當時社會的動亂，生命的無常有關。

齋醮連稱，始於晉代。晉代道經《太上洞淵神咒經·步虛解品考》説：『修齋設醮，不依科儀之考。』該經之《諸天命魔品》已有『建齋醮』之語。這裡説的齋醮，顯然是道教的祭禮儀式。這時，『齋』已由祈禱儀式前的絜誠行為，逐漸演變為祈禱儀式本身的一部分。到隋唐時期，齋醮連稱更為普遍。唐玄宗開元十年（七二二年）正月下詔，命兩京及諸州各置玄元皇帝廟一所，『每年依道法齋醮。』（《册府元龜》卷五十三）

這裡要強調的是：隋唐時期的齋，已完全是祭禮儀式。唐玄宗御敕編撰的《唐六典》，列舉道教之齋說：

齋有七名。其一曰金籙大齋，調和陰陽，消災伏害，爲帝主國王延祚降福。其二曰黃籙齋，並爲一切拔度先祖。其三曰明真齋，學者自齋，齋先緣。其四曰三元齋，正月十五日天官爲上元，七月十五日地官爲中元，十月十五日水官爲下元，皆法身自懺愆罪焉。其五曰八節齋，修生求仙之法。其六曰塗炭齋，通濟一切急難。其七曰自然齋，普爲一切祈福。

從這些齋的功用，它顯然是祭禮儀式。唐代的金籙大齋，長達四十九日，據《岱岳觀碑》記載：大周長安四年（七〇四年），武則天命東京大弘道觀高道邢虛應、阮孝波等人，赴東岳泰山岱岳觀，『建金籙大齋卌九日，行道設醮。』（《道家金石略》第九五頁）天寶二年（七四三年）下元日（十月十五日），慶唐觀道士舉行金籙齋，《慶唐觀金籙齋頌》記此祭祀場面說：

每至是日，展法於斯，修金籙齋，啓玉皇印，道家之寶，王者之儀，靡盛於此矣。……仙侶頒次，羽人步虛，朝拜九天，醮祠五老。想鈎陳則黃雲垂覆，存太一則白鶴來翔，其餘侍香玉童，傳言玉女，縹緲烟景，徘徊元空，求之希微，宛如契合耳。（《道家金石錄》第一三八頁）

這種金籙齋會，有步虛、朝拜、醮祠、存想，而且，由慶唐觀主郭處寂稟佩符籙，親自主持科儀，這分明是為唐帝王延祚降福的祭祀儀式。慶唐觀在晉州浮山縣羊角山，是唐帝王的家廟。相傳唐初老君李耳出現於羊角山，告訴晉州人吉善行說：請為我轉告唐天子，我李耳是他的祖宗。吉善行很快上報唐高祖李淵，正在打天下的李淵聽說此事，驚喜之餘，即命於羊角山老君顯靈處立廟祭祀。

今天大概没有多少人會相信這個故事，但在當時，唐帝王卻深信不疑，以此為契機，道教受到了唐歷代帝王的尊崇。

明洪武七年（一三七四年），朱元璋敕命禮部與道教擬定科儀格式，頒行天下遵行。道士宋宗真、趙允中等編成《大明玄教立成齋醮儀》，在道教齋醮科儀書中，正式將齋醮並稱。至此，齋醮儀式合而為一。明張萱《疑耀》談明代道教的儀式說：

齋與醮，義異而事同，羽衣家鮮能辨之。

（《疑耀》卷七）

連道士都少有能辨別齋醮二者的差異，一般世俗之人更難區分此事的異同了。

的確，今天道教的齋醮活動，俗稱做道場或做法事，實際都是依科演教的祭禮儀式。

（二）齋醮科儀的形成和修訂

1、早期齋醮的形成

關於道教齋醮活動的形成和演變，卿希泰先生在一九八五年十二月香港中文大學舉行的『國際道教齋醮音樂會議』上，發表了《關於道教齋醮及其形成問題初探》（收入卿希泰著《道教文化新探》），提出了不少真知灼見。

可以肯定的是：太平道和五斗米道已有齋醮活動。

東漢後期，張角在北方創立太平道，徒衆達數十萬。太平道在教區內，建立了祠、茅室、方、壇，以舉行齋戒祭祀活動。《太平經》說入道之人，『當養置茅室中，使其齋戒。』（卷四二）太平道法師持九節杖為符祝，率道衆跪拜首過，向天神祈禱、稱謝。這都是道教早期較原始的齋醮活動。

張陵在巴蜀創五斗米道時，亦設置静室，作為道徒齋戒思過、請禱跪拜的場所。五斗米道的祭酒，既是統領一方道衆的宗教首領，又是主持道衆請禱祭祀的法師。《三國誌·張魯傳》記五斗米道的請禱之法說：

> 書病者姓名，說服罪之意，作三通，其一上之天，著山上；其一埋之地；其一沉之水，謂之三官手書。

五斗米道對天、地、水三官的信仰和祭祀，直接源於先秦時期的祭天、祭地、祭川的祭禮儀式。這種三官祭禮活動，後逐漸發展為唐宋道教的投龍簡儀式。

五斗米道時期，已創立了上章儀禮。《魏書·釋老誌》說張陵於鶴鳴山受道，造作道書，傳天官章本千有二百，弟子相授，齋祀跪拜，各成道法。五斗米道在三會日，即正月五日上會、七月七日中會、十月五日（或十五日）下會，要舉行祭祀，道衆同會壇場，上章言功。三會日的祭祀。甚至不避疾風暴雨、日月昏晦、天地禁閉，皆如期舉行。

道士受度法籙，也在三會日舉行。

三會日還另有名稱：正月五日名舉遷賞會，七月七日名慶生中會，十月十五日名建功大會。據說三會日期，天地水三官會降臨壇場，考核功過，故道衆依日齋戒，呈章賞會，以祈景福。隋費長房《歷代三寶記》說張陵造作道書，道士章醮之法始於張陵傳教時期，這大概是有所根據的。

張陵居鶴鳴山造作道書二十四篇，北宋高僧念常甚至說張陵所造的道書是章醮二十四卷。

總之，張陵五斗米道時期，章醮之法已大行於世。

作為祭祀儀式前的清潔身心，五斗米道有實行齋戒的厨會制度。厨會分上齋七日，中齋三日，下齋一日，厨會守齋，要求禁斷房室、五辛、生菜、肉食，一日僅食米三升。這種素食齋戒，稱為『修厨會之具』。道民如要祈神求願，就須先修厨會之具。南宋道士留用光說張陵撰正一齋法，名旨教齋，或許即此齋戒之法，因後世指教齋，即以清素為貴。

與厨會相關的是五臘日齋戒。

五臘日是：正月一日天臘，五月五日地臘，七月七日道德臘，十月一日民歲臘，十二月正臘日王侯臘。五臘日宜祭祀先亡，薦福追念，所以要齋戒沐浴，以便朝真行道。

在張陵之孫張魯時期，還盛行塗炭齋法。

關於塗炭齋，劉宋陸修靜的《洞玄靈寶五感文》和北周道教類書《無上秘要》都曾提到，我們還是來看佛教高僧的記載吧，北周釋道安《二教論》說：

塗炭齋者，事起張魯，驢轉泥中，黃土塗面，摘頭懸柳，埏埴使熟。

北周另一高僧甄鸞的《笑道論》，也有記載，大概是覺得『埏埴』一詞過於生僻晦澀，甄鸞使用了『打拍』一詞。

顯然，塗炭齋是一種苦修行似的齋戒

為什麼用黃土塗面呢？學者們不得其解！但民族學者提出了一種解釋，說當時南方蠻族盛行『毛面』習俗，即用黃土泥面，以防蛟蟲叮咬，塗炭齋法或與此俗有關。此解釋不無道理，張魯時期，五斗米道控制了巴郡、漢中地區，巴郡的賨人（即板楯蠻）皈依了五斗米道，塗炭齋法的黃土泥面，或許就是吸收了南方蠻族的『毛面』習俗。

塗炭齋在唐代仍見於記載，或許仍有道士修此齋法，但可能已有所改革。因為劉宋時期，道士王公期已除去打拍法，陸修静修訂塗炭齋儀，僅以黃土泥額，反縛懸頭而已。

應該說，太平道和五斗米道的齋醮儀式，還比較原始和簡陋，內容還不豐富，科儀還不完備。

太平道遭東漢王朝的鎮壓，張魯五斗米道被曹操招降瓦解以後，原始道教活動轉入低潮，早期的齋醮科儀亦逐漸荒廢。

2、陸修靜制訂齋醮科儀

重整齋醮科儀的是陸修靜。

陸修靜（四〇六——四七七年），字元德，吳興東遷人。三國吳丞相陸凱後裔，家世為南朝高門著姓。陸修靜以士族身分皈依道門，精研道書，窮其奧旨，道風遠播。陸修靜居廬山簡寂觀修道，帝王母後，慕其聲名，躬親問道，執門徒之禮。陸修靜是改革、整頓天師道，使民間道教官方化的關鍵人物

陸修靜對天師道的改革，最重要的貢獻是齋醮儀範的制訂。據《茅山誌》記載，陸修靜所著齋法儀範達百餘卷。現知其名的有《金籙齋儀》、《玉籙齋儀》、《九幽齋儀》、《解考齋儀》、《塗炭齋儀》、《三元齋儀》、《靈寶道士自修盟真齋立成儀》等，這些齋儀已經亡佚，從後代道書的引述，我們可睹其大概。

陸修靜制訂的百餘卷齋儀，其內容可分為『九齋十二法』，即九等齋，共十二種齋法。陸修靜《洞玄靈寶五感文》記十二種齋法說：

一曰洞真上清之齋，有二法。……

二曰洞玄靈寶之齋，有九法。以有爲爲宗。

其一法，金籙齋。調和陰陽，救度國王。

其二法，黃籙齋。爲同法拔九祖罪根。

其三法，明真齋。學士自拔億曾萬祖九幽之魂。

其四法，三元齋。學士一年三過，自謝涉學犯戒之罪。

其五法，八節齋。學士一年八過，謝七玄及已身宿世今生之罪。。

其六法，自然齋。普濟之法，内以修身，外以救物，消災祈福，適意所宜。

其七法，洞神三皇之齋。以精簡爲上。

其八法，太一之齋。以恭肅爲首。

其九法，指教之齋。以清素爲貴。

又曰三元塗炭之齋。以苦節爲功，上解億曾萬祖無數劫來宗親門族及已身家門無鞅數罪，拯拔憂苦，濟人危厄，其功至重，不可稱量。

陸修静的九齋十二法，皆屬濟度之齋，而其中以靈寶齋為主體，故此後靈寶之教大行於世。據陶弘景《真誥》記載：齊梁之際，赴茅山崇元館學道者，居道館周圍數裡，廨舍十餘坊，皆修靈寶齋及章符，學上清經者寥寥無幾。當時茅山每年三月十八日的鶴會，公私雲集，車有數百乘，人有四、五千、道俗男女，登茅山作靈寶唱讚，祭祀完畢便散。

自陸修靜制訂齋醮儀範後，道教齋醮活動的舉行有章可循，祝香啟奏，出審請事，禮謝願念，莫不遵循經文。

陸修靜在宋文帝元嘉三十年（四五三年），曾率門人建三元塗炭齋，《洞玄靈寶五感文》記塗炭齋的作法說：

> 於露地立壇，安欄格，齋人皆結，同氣賢者，悉以黃土泥額，被髮繫著於欄格，反首自縛，口中銜璧，覆卧於地，開兩脚，相去三尺。叩頭懺謝。

在陸修靜的九齋十二法中，我們僅見此塗炭齋的儀式，雖然它很原始，但在當時，這種苦行修齋儀式，或許正能考驗修齋者奉道之虔誠。我們知道，這種齋法的功用之一，就是身臨壇場，苦節修行，感父母因我而受三塗之苦，以解己身家門之罪。

三塗即：地獄道猛火所燒之處為火塗；畜生道互相啖食之處為血塗；餓鬼道被刀劍等逼迫之處為刀塗。它是道教所謂的三惡塗。三塗苦多，念念生滅，塗炭齋以苦節為功，觀其名稱和內容，有理由相信此齋法是濟度三塗之苦。

宋泰始七年（四七一年），陸修靜建三元露齋，為宋明帝祈禱齋祀。《道學傳》記此事說：

宋泰始七年，明帝不豫。先生率衆建三元露齋，爲國祈請。至二十日，雲陰風急，輕雨灑塵。二更再唱，堂前忽有黄氣，狀如寶蓋，從下而昇，高十丈許，彌覆階墀，數刻之頃，備成五色，映暖檐梘，徘徊良久，忽復回轉，到經臺上，散漫乃歇。預觀齋者百有餘人，莫不皆見。事奏，天子疾瘳，以爲嘉祥。

這次齋會，後世道書多有記載，或作塗炭齋，或作金籙齋。總之，齋會之後，宋明帝的病果然好了。這次齋會長達二十天以上，科儀程式應已相當完備。

我們有理由相信：陸修静時期，道教齋醮儀範已粗具規模，齋醮儀範的基本完備，標誌着道教已發展為成熟宗教。

3、張萬福整理齋醮科儀

唐代長安道士張萬福，是整理編撰齋醮儀範的重要人物。

張萬福，生卒年不詳。是唐中宗、睿宗、玄宗時期活動於長安的著名道士。張萬福居長安太清觀，是參與編纂唐代《道藏》的高道大德。

《正統道藏》收録張萬福編撰的齋醮儀範經文，計有《傳授三同經戒法籙略説》、《三洞衆誡文》、《三洞法服科戒文》、《洞玄靈寶三師名諱形狀居觀方所文》、《太上洞玄靈寶三洞經誡法籙擇日曆》、《醮三洞真文五法正一盟威籙立成儀》等。

李唐建國之初，以道教教主老子（李耳）為李氏皇帝遠祖，道教成為國教。唐代制度，凡三元日和皇帝誕生日，道觀要舉行金籙大齋、明真齋，以祈禱帝王長命幸福。隨着唐代道教的興盛和齋醮活動的盛行，陸修靜所制訂的齋醮科儀，在實踐中已暴露出種種問題，需要道門中人整理改進。

由張萬福擔當此任，却絕非偶然。

張萬福曾遊江淮吳蜀，所至之處，目睹法師傳度經戒法籙甚為輕率，齋戒守靜亦不盡心遵行。更為嚴重的是，竟有男女同壇祭禮，或師弟不相對齋，或師弟各自遊行，或數師同壇，或不書表章，不分契券。齋醮活動中的種種混亂和不良風氣，蔓延滋長，令有識之士情所不忍。

江淮吳蜀是道教發源興盛之地，長安、洛陽之供奉道士多來自這些地方，他們沾染家鄉齋醮鄙俗，施行於帝都齋壇，有損道教聲譽。對此治理整頓，已是刻不容緩！

當時長安是道教文化中心，是高道薈萃之地。張萬福時五十餘歲，入道修持亦四十餘載，身為長安太清觀大德，顯然是道學淵博之士。加之參加編撰《道藏》，熟悉道教典籍，整理齋醮科儀，是非他莫屬了。

張萬福對齋醮科儀的整理和貢獻，主要在經戒法籙、法服科戒、齋醮儀式等方面。

道教三洞諸經，説戒頗多。張萬福强調：學道求真，莫不先持齋戒，若不持戒，則道不可得。為此，他編撰《三洞衆戒文》，收録《始起心入道三歸戒文》、《弟子奉師科戒文》、《靈寶初盟閉塞六情戒文》、《三戒文》、《五戒文》、《八戒文》、《三訣文》、《八敗文》、《三要文》、《十三禁文》、《七百二十門要戒律訣文》等。規定始起心入道者受《三歸戒》；在俗男女受《無上十戒》；新出家者受《初真戒》；正一弟子受《七十二戒》等，要求法師隨法轉授。張萬福説：戒有多種，大小異門，但歸根結底都是引人入正道，悟解此真諦，終持一戒，即戒於心，這才是奉戒最要緊的。

在《傳授三洞經戒法籙略説》中，張萬福仍强調學道持戒的重要。他説：凡初入道門，皆須持戒。欲防非止惡，進善登仙，各種修行中，持戒最為重要。若修道者為六情所染，五慾沉迷，内濁亂心，外昏穢境，馳逐名利，耽滯聲色，只有持戒，才能斬斷慾念，戒制六情，止惡修善，返歸真境。故道學當以戒律為先，若有法而無戒，猶欲涉海而無舟楫，猶有口而無舌，是無從學道成仙的。

學道不修齋戒，則徒勞山林。這是東晉葛洪《抱朴子》中的名言，張萬福仍以此言諄諄告戒道衆。

針對經戒法籙傳授的輕率風氣，張萬福制訂了經戒法籙傳授程序：凡人初入道門，先受諸戒，以防患止罪；次佩符籙，制妖保神；次受『五千文』（即《道德經》），詮明道德生化源起；次受《三皇文》（洞神），漸登下乘，緣粗入妙；次受靈寶（洞玄），進陞中乘，轉神入慧；次授洞真，煉景歸元。

張萬福《傳授三洞經戒法籙略說》所舉的經戒法籙，有《太上道君智慧上品大戒》、《智慧觀身三百大戒》、《正一法籙》、《道德經》、《洞神經》、《靈寶赤書玉篇真文》、《靈寶五符》、《五嶽真形圖》、《三皇內文》、《三天正法》等。

道教傳授經戒法籙，有法信盟誓契券，但江淮吳蜀地區的經戒法籙傳授，或不投辭誓，或抱素盡空，或師為出法信，十分混亂。故張萬福重新規定傳授經籙時應備之法信物品及盟誓契券。法信有：七寶（金、銀、琉璃、瑪瑙、珊瑚、珍珠）、金銀、金環、金龍、金鈕、龍璧、斷環、斷髮歃血、絲彩繒綿、五香、命米、魚雁、紙墨。對盟誓契券的品種和旨意也作了規定和說明。

而《太上洞玄靈三洞經誡法籙擇日曆》，則是說明道士受經戒法籙，應預擇吉日良辰，以為受道之期。張萬福根據道書記載，編撰出傳授各種經戒法籙選擇吉日之曆表，共有九節。規定傳授經戒，均須『三盟』、『六證』。

《三洞法服科戒文》，是張萬福對道教服飾制度的解說。道教法服有冠、裙、帔三要件。『冠以法天，有三光之象；裙以法地，有五嶽之形；帔法陰陽，有生成之德。總謂法服，名曰出家。』「法服依道士經戒的高下而有區別，道士出家修行，即須易俗衣而著法服。道士應常備法服，整飾形容，沐浴冠帶，朝奉天真，教化一切，保持服飾威儀。

道士身着法服，應遵四十六條科戒，即有關法服穿、脱、制、置的四十六條規定。

不冠法服者，不得登壇入静，禮願啟請，悔過求恩；不得逼近經戒，講説念誦，看讀敷揚；不得持奉齋式，飲食供養，不得禮拜師尊長德及受弟子禮拜；不得出入所居，人間遊行，見諸凡人；不得祝禁符劾，章奏表啟；不得覲見國王、父母及諸世民。

以上七條，是必須冠法服的科戒。

有關脱法服的規定是：寢息休暇，當脱法服；沐浴浣濯，當脱法服；大小便曲，當脱法服；泥雨濁穢，當脱法服。

勿犯法服的規定是：手足不淨，勿犯法服；裸露身形，勿犯法服；口氣臭穢，勿犯法服等等。

法服的製作及材料：法服不得用五彩作；法服不得以非義物作；法服不得用錦繡綺作。

其他科戒條文是：法服不得假借他人，不得隨意拋擲，不得以脚踏洗及槌拍；法服破壞，當須火淨；法服須勤洗濯，燒香清淨，勿使污穢；不得擅脱法服，潛遊人間；坐起卧息，常依科戒。

據傳法服係太上老君授天師張道陵，故稱為仙服，制訂如此周詳的科戒禁忌，要求道士恪守，不得違反。如『應服不服，非服而服，皆四司考魂，奪筭一千二百』。道教的天曹四司：司命、司祿、司非、司危，地府四司：司命、司祿、司功、司殺。四司檢察人間之罪福。道教以三天為一筭，違反科戒，四司將奪去十年壽命，處罰可謂重矣。

《醮三洞真文五法正一盟威籙立成儀》，是張萬福整理制訂的齋醮儀式。醮，是薦誠於天地，祈福於冥靈，故須誠心誠意。建醮設壇，器物供品，皆有講究。醮壇以設於名山洞府為佳，其次選幽閒靜寂之地。器物座具，時果芳饌，必在豐新，道法清虛，特忌骯穢。

張萬福修訂的醮儀舉行程式是：

（一）設壇座位；（二）潔壇解穢；（三）入户祝；（四）發爐；（五）出靈官；（六）請官啟事；（七）送神真；（八）敕小吏神；（九）内官；（一〇）覆爐；（一一）送神頌；（一二）出户祝；（一三）醮後諸忌。

此外，《無上黃籙大齋立成儀》卷十六收有陸修靜撰、張萬福補正的黃籙科儀，其醮壇儀範，已甚為完備。

張萬福上承陸修靜，後啟杜光庭，是齋醮儀範制訂的三巨頭之一。

4、杜光庭修訂齋醮科儀

唐末五代著名道教學者杜光庭，是齋醮科儀的集大成者。

杜光庭（八五〇——九三三年），字賓至（一說字賓聖），號東瀛子，處州縉雲，（今屬浙江）人。唐懿宗咸通（八六〇——八七三年）中入道，師事天臺道士應夷節，僖宗朝入長安，為道門領袖。中和元年（八八一年），隨僖宗入蜀，遂留成都。前蜀主王建封為光禄大夫尚書户部侍郎上柱國蔡國公，賜號廣成先生。晚年隱居青城山白雲溪，八十四歲羽化，葬於青城山清都觀後。

杜光庭著述宏富，對道教理論建設頗多貢獻。修訂齋醮科儀，即是其一大成就。南宋道士吕太古《杜天師傳》記杜光庭修訂齋醮科儀說：

> 道門科教，自漢天師、陸修静撰集以來，歲久廢墜，乃考真僞，條列始末，故天下羽褐，至今遵行。（《道門通教必用集》卷一）

唐代道教典籍，到唐玄宗朝臻於極盛，但安史之亂，長安、洛陽所藏道經，多毁於兵燹。後經海内搜求，京師繕寫，得以恢復《道藏》。唐末黄巢起義，道教經書，焚蕩之餘，十無三二，散無統紀。這就是杜光庭在成都「閲省科教」，修訂編撰齋醮科儀的背景。

《正統道藏》收録杜光庭編撰的齋醮科儀有：《太上黄籙齋儀》、《無上黄籙大齋立成儀》、《太上正一閱籙儀》、《太上三五正一盟威閱籙醮儀》、《太上三洞傳授道德經紫虚籙拜表儀》、《太上靈寶玉匱明真大齋言功儀》、《太上靈寶玉匱明真大齋懺方儀》、《太上靈寶玉匱明真齋懺方儀》、《太上洞淵三昧神咒齋十方懺儀》、《太上洞淵三昧神咒齋清旦行道儀》、《太上洞淵三昧神咒齋懺謝儀》、《太上洞神太元河圖三元仰謝儀》、《金籙齋啟壇儀》、《金籙齋懺方儀》、《洞神三皇七十二君齋方懺儀》。

杜光庭修訂的齋醮科儀近二百卷，成為唐代以後齋醮活動的範本，影響最為深遠，後世言齋醮者，必談廣成先生科儀。甚至有以科儀經典托名杜光庭以自重者。《道門科範大全集》署名杜光庭刪定，經考證，實為明代編成。《藏外道書》收錄的《廣成儀制》，共五冊二百多卷，是清代四川道士編撰的齋醮科儀經文，其齋醮儀範，本於杜光庭修訂之科儀，故取名《廣成儀制》。

從科儀種類看，杜光庭修訂的主要是金籙齋、黃籙齋、明真齋、神咒齋、閱籙儀、拜表儀、仰謝儀、方懺儀等。

金籙齋最早為陸修靜編撰，但流傳至今最早的金籙齋科儀，卻是杜光庭的文本。金籙齋用於皇室，據《唐六典》，三元日和皇帝誕辰，例行舉辦金籙齋。杜光庭《金籙齋啟壇儀·序事》說：

> 金籙為國主帝王鎮安社稷，保佑生靈，上消天災，下禳地禍，制御劫運，寧肅

山川，摧伏妖魔，蕩除凶穢。

唐代金籙齋並不僅限於三元日和皇帝誕生日，凡出現五星失度，四氣變常，二象不寧，兩曜孛蝕，天傾地震，川竭山崩，水旱為災，螟蝗害稼，疫毒流布，兵革四興，猛鷙侵凌，水火漂灼，冬雷夏雨等自然變異，都要修金籙寶齋，拜天謝過，以禳卻氛邪，解銷災變。

金籙齋辭皆為皇帝皇后皇太子諸王公主文武職寮懺罪祈福，祝願宗廟安寧、帝圖遐遠，聖躬萬壽，四海和平。

明真齋用於懺悔九幽，拔度亡魂。杜光庭編撰《太上靈寶玉匱明真齋懺方儀》和《太上靈寶玉匱明真大齋懺方儀》，祭祀程式內容基本相同，皆依玉匱九幽明真科品，修拔度大齋，懺謝前代今生無量故誤，祈神靈削除罪録，開度幽關，上昇天堂，並祝聖壽無疆，天下太平，得道之後陞入無形。二齋之區別，在於明真大齋中歸禮之十方天尊聖真神仙名號，多於明真齋，懺文詞句亦有不同，明真大齋似用於皇室公卿，明真齋用於民間祭祀。

杜光庭編《太上靈寶玉匱明真大齋言功儀》，用於奉旨所修靈寶九幽明真玉匱遷神拔度大齋之末。功圓事畢，行此儀以解壇拜表，啟請所祈諸神靈一一復位還官，言功設醮，重明功德，使修齋事有功者均得受賞加封。

黃籙齋有拯救幽靈，遷拔飛爽，開度長夜，升濟窮泉，祛災致福，謝罪希恩之功效，主要用於超度亡魂。杜光庭編《太上黃籙齋儀》五十八卷，內容包括一般黃籙齋三時行道儀，各種專用齋三時行道儀，各種懺悔儀等。

專用齋三時行道儀，用於太子降誕、特赦為臣下消災、人臣為國消災、安宅、懺禳疾病、三元行道、普度幽魂、遷拔、解考等。

懺悔儀有士庶消災方懺、安宅行道懺、荷恩感瑞懺、人臣為國懺、解考懺、懺禳疾病方懺等。

《太上黃籙齋儀》的『發願』程式，充分表現出道教的『濟度』思想。這種『發願』有十願、十二願兩種。十願是：

一願大道流行，普天懷德；
二願一切有生，咸皆悟道；
三願九夜悲魂，一時解脱；
四願孤魂無依，咸得受生；
五願天下太平，五穀豐熟；
六願臣忠子孝，君仁父慈；
七願四海通同，冤親和解；

八願潛胞處卵，咸得生成；
九願積疾新疴，旋即痊癒；
十願孤露衆生，豐衣足食。

在十二願中，還有願家多孝悌、願國富才賢、願聖人萬壽、願學道成仙等。
杜光庭對齋醮義理亦有解説發揮。《無上黄籙大齋立成儀》卷十五《醮説》稱：

杜廣成先生刪定黄籙散壇醮儀，以爲牲牷血食謂之祭，蔬果精珍謂之醮，醮者，祭之別名也。

唐代齋醮已混為一體，其表現形式都是祭祀儀禮，杜光庭試圖從信物供品區別解釋，既指出二者的區別，又言中二者的實質聯繫。
杜光庭修訂的齋醮科儀，既有繼承，也有創新。《無上黄籙大齋立成儀》卷十五《醮説》云：

張清都黄籙儀無謝恩醮，杜廣成儀始有之。亦以修齋，召命神靈管衛壇場，宣通關告，往來勞役，所以言功，設此醮筵，用行酬賞。

此張清都即張萬福，說明黃籙儀的謝恩醮，是杜光庭根據醮儀內容而增補的。經杜光庭的修訂，黃籙齋儀已臻於完善，故後世黃籙齋儀，多以杜光庭本為宗。

杜光庭在巴蜀期間，王公大臣、信徒道衆多慕其聲名，請為齋醮活動撰寫章詞，今本《廣成集》十七卷中，收有齋詞三十一通，醮詞一百八十六通。其齋詞有金籙、黃籙、明真、報恩、三元、受籙等；醮詞有北帝、南斗、北斗、九曜、周天、本命、庚申、安宅、三皇、八節、太一、還願等。這些齋醮章詞的內容，都是為帝王、大臣、信徒、道衆選時擇日，修齋設醮，上章陳詞，啟奏天曹諸真衆聖，祈福禳災，保生度死。如《趙球司徒疾病修醮拜章詞》說：

> 近以災殃所迫，疾瘵斯嬰，軫聖慮以慰安，降名醫而撫視，未蒙痊減，使用兢惶。伏念臣跡處塵寰，素昧修禀，立身履行，寧免愆違。或害物殺生，曾無惻憫；或摧鋒禦敵，輕賜誅鋤。總戎乖申令之宜，爲政有賞刑之失；幽夜致冤仇之訴，微躬成滯疾之危。又恐往世積生，尚縈釁咎，五行九曜，兼值災蒙。或興修有犯觸之非，或土木極侵傷之所。捫心省過，惟切懺祈，是敢拜奏寶章，崇修大醮，告虔下

土，請命諸天。伏惟大道垂慈，至真鑑佑，敕靈司而解災度厄，流神貺而祛疾延生，落死籙於陰曹，定仙名於陽簡。故傷誤殺，冤債和寧，新罪宿瑕，元慈蕩滌，誓期勵節，永答道恩。

杜光庭不愧是著名道教學者，其文詞章典雅，堪為道書之上乘。南宋道士呂太古譽為『詞林萬葉，學海千尋，扶宗立教，天下第一。』（《道門通教必用集·杜天師傳》）

杜光庭的齋醮章詞，成為後世道教章表書寫的範本。

（二）齋醮法事的盛行

1、唐代國醮

唐宋元明時期，道教齋醮活動最為盛行。帝王的尊崇和需要，使齋醮之風遍行天下，齋醮活動由簡至繁，規模愈益宏大。

齋醮有祈福禳災之功效，作為封建統治者，為求自身的福壽和國家的太平，對齋醮儀事，格外垂青。

唐太宗即位之初，即敕命著名道士李含光建茅山壇宇，為國齋醮。唐太宗多次派中使赴茅山壇場，巡視齋醮儀典，賞賜茅山修醮道士。李含光上太宗表奏十三通，其一說：

> 臣蒙賜絹百匹，行道道士賜絹二百匹，又奉聖旨，以本命紫紋七十匹，五方紋繒各二十匹，銀五百兩，令臣依河圖內篇奉修齋謝。（《全唐文》卷九二七）

唐代茅山上清宗壇為國醮祭，名揚天下，唐五代著名文士徐鉉就曾稱讚茅山華陽洞天，金陵福地，羣仙之所都會，景福之所興作，『故其壇館之盛，薦享之殷，修奉之嚴，樵牧之禁，冠於天下。』（《復三茅禁山記》）

武則天執政時期，多次敕命舉行金籙齋會和投龍簡儀式，為武周政權拜天謝過，鎮安社稷。

大周天授二年（六九一年），武則天以大周革命，敕令金臺觀主馬元貞往五嶽四瀆投龍，作功德。馬元貞等在東嶽泰山章醮投龍，作功德（即祭祀）十二晝夜。唐高宗顯慶六年（六六一年），在東嶽舉行投龍儀式，僅齋醮七晝夜，說明武後此次投龍儀式規模更大。

大周聖曆元年（六九八年），大弘道觀主桓道彥，奉敕於東嶽設金籙寶齋河圖大醮，祭儀進行七晝夜，但兩度投龍，儀式有加。

大周長安元年（七〇一年），金臺觀主趙敬，奉敕於泰山岱嶽觀靈壇修金籙寶齋三晝夜，又設五嶽一百二十盤醮禮，奉金龍玉璧投山。

大周長安四年（七〇四年），大弘道觀威儀師邢虛應等，奉敕於東嶽岱嶽觀建金籙大齋四十九晝夜，行道設醮，奉表投龍薦璧。

一九八二年五月，在嵩山峻極峰發現一枚武則天時期投放的金簡，是舉行投龍儀式投於名山之山簡，有很高的文物價值。此金簡上鐫刻的簡文是：

上言、大周國主武曌，好樂真道，長生神仙，謹詣中嶽嵩高山門投金簡一通，乞三官九府除武曌罪名。（《道家金石錄》第九三頁）

此簡被稱為《中嶽投金簡文》，係太歲庚子七月，即大周聖曆三年（七〇〇年）中元節投放。唐玄宗即位，尚長生輕舉之術，對齋醮儀式猶感興趣，『每中夜夙興，焚香頂禮。天下名山，令道士、中官合煉醮祭，相繼於路。』（《舊唐書·禮儀誌》）開元天寶年間，投龍奠玉，絲毫不遜則天武后。當時茅山華陽洞、天臺山玉京洞、王屋山玉陽洞、青城山天師洞、南嶽朱陵洞等名山洞府，醮祭投龍，歲歲不絕。《南嶽總勝集》記衡山招仙觀朱陵洞說：

下有投龍潭，國家修醮畢，投金龍於此，石鏄微開，聞天樂之聲。放蘭揚有《水簾洞詩》，中一聯云：開元投金龍，水底聞天鈞。

唐代的投龍儀式，一般要舉行金籙齋會，設一千二百星位的羅天大醮，舉行地點多在道教的洞天福地。杜光庭就曾說：『國家保安宗社，金籙籍文，設羅天之醮，投金龍玉簡於天下名山洞府。』（《天壇王屋山聖蹟序》）

關於投龍儀式，後有專門介紹。

唐代皇室的齋醮活動，更多的是在長安和東都洛陽舉行。唐代長安有四三座道觀，洛陽有一二座道觀，唐代崇玄署『掌京都諸觀之名數，道士之帳籍，與其齋醮之事。』（《唐六典》卷一六）

長安道觀密集，高道薈萃，正是為滿足皇室祭祀需要而建立的。開元十年（七二二年），唐玄宗詔兩京及諸州各置玄元皇帝廟一所，每年依道法齋醮。天寶初更改廟名，長安改太清宮，東京改太微宮，諸州改紫極宮。太清宮之東西分設御齋院和公卿齋院。宮內供奉老子和玄宗神像，高二丈，係採太白山白石鑄成。此後皇室齋醮儀式即在太清宮舉行，故王維有詩曰：

玉京移大像，金籙會神仙。（《全唐詩》卷一二七）

太清宮成為皇室太廟，是齋醮國祭之重要法壇。唐宋崇祀九宮貴神，九宮為太乙所居之宮，司九州水旱災福。唐太清宮設九宮貴神壇，李德裕《論九宮貴神壇狀》說：

> 九宮貴神，實司水旱，功佐上帝，德庇下民。冀嘉穀歲登，災害不作，每至四時初節，令中書門下攝祭者，準禮。九宮次昊天上帝，壇在太清宮太廟，上用牲牢幣璧，類於天地神祇。天寶三載十二月，元（玄）宗親祀。乾元元年正月，肅宗親祀。
>
> （《全唐文》卷七〇六）

李德裕還撰《論九宮貴神合是大祠狀》，說九宮貴神上佐天極，下輔人極，輔相神道，實為國之大祠。

太清宮供奉的道教尊神——老子，是李氏皇帝遠祖，唐代尊稱為大聖祖高上大道金闕玄元天皇大帝。在唐人文集中，還可見太清宮舉行齋醮，祈求風調雨順的記載。唐元和進士封敖就曾撰寫《太清宮祈雪青詞》、《祈雨青詞》，祈求大聖祖高上大道金闕玄元天皇大帝，降雨雪以福佑羣生。青詞是道教舉行齋醮儀式時獻給天神的奏章祝文，本書後有專門介紹。

唐代皇帝誕生、忌日，要專門舉行齋醮法事，敬修功德，為皇帝祈禱。封敖撰《慶陽節玉晨觀嘆道文》、《憲宗忌日玉晨觀嘆道文》、《立春日玉晨觀嘆道文》，即為皇帝慶誕齋醮而作。《立春日玉晨觀嘆道文》說：

> 女道士等奉爲皇帝稽首齋戒，焚香莊嚴。伏以冥鑑照臨，神功保衛，精誠上感，至道潛通，高明廣被於無窮，福佑庶垂於有感。南山比壽，將聖祚而齊隆重；東海量恩，與天波而長潤。旁沾動植，溥救幽陰，咸保乂寧，永綏多福。

封敖宣宗朝任部侍郎，大中十一年（八五七年），拜太常卿，這首嘆道文應為唐宣宗齋醮而作。

我們再看《憲宗忌日玉晨觀嘆道文》：

> 伏以今月二十七日，憲宗皇帝忌，女道士等齋戒精修，焚香虔懇。伏願追踪元運，息駕黃庭，保聖祚於無疆，降神功於有截，日月所照，福佑同沾。（《全唐文》

卷七二八）

元和十五年（八二〇年）正月二十七日，唐憲宗暴死，享年四十三歲，他是唐朝又一位求長生不得，反被方士柳泌金丹所誤的帝王。唐憲宗也算是一位睿謀英斷之君，否則，不可能出現『元和中興』的氣象。也許是他死得太可惜，唐王室要在他的忌日舉行齋醮法會，為其超度。

《慶陽節玉晨觀嘆道文》，則是為皇帝誕生日法會而作。玉晨觀在長安大明宮，是公主妃嬪入道修煉之所。

唐王室的齋醮並不限於承平之世。安史之亂，唐玄宗避難入蜀，車駕入成都，驚魂未安，即敕令青城山道士王仙卿在黃帝壇為國齋醮，祈請太上老君佑護，早日平息戰亂。一百多年後，黃巢起義軍逼近長安，唐僖宗步其祖後塵，亦倉惶入蜀，敕命青城山修靈寶道場、設周天大醮，杜光庭形容青城靈寶道場之夜『神燈千餘，輝灼林表。』（《青城山記》）周天大醮設醮位二千四百，祭祀法壇名誕祚保生壇。延祚保生，正是這位蒙塵天子此時的最大期望！

要特別提到的是，唐代實行道舉制度。道士經法科試義十道，講論科試經論，文章應制科試詩，表白科試聲喉，聲讚科試步虛三啟，焚修科試齋醮儀。齋醮法事中，道士要念頌祝咒，以聲音宏亮為佳，故表白、聲讚、焚修三科都與齋醮有關。

2、宋代國醮

宋代皇帝尊崇道教，絲毫不遜於李唐王室。

宋代皇室齋醮，還得從道士張守真『降神』事件説起，道士張守真本為盩厔縣（今陝西周至縣）民，相傳有神降於其家，自稱天之尊神，號黑殺將軍，為玉帝之輔。此後，張守真每齋戒祈請，即有神女降室中，聲音如嬰兒，神女説話，只有張守真能聽懂，但所言人間禍福很靈驗。張守真遂做上了道士，以降神之術而遠近聞名。宋太祖趙匡胤病，召張守真入宮，命內侍王繼恩在建隆觀設黃籙醮，令張守真降神，神女下降説：『天上宮闕已成，玉鏁開。晉王有仁心。』説完昇天而去。張守真將天神真言稟告太祖，當晚，趙匡胤召見晉王趙光義，以國家社稷相托。

神女説的話十分明白：天門已開，你趙匡胤昇天的時日到了，晉王趙光義有仁心，可以為國家之主。

這段故事在今天看來很荒誕不經，但時人對此道教仙話却信以為真，《宋史》、《續資治通鑑長編》、《談苑》、《湘山野録》等正史、筆記都記載這件事。而且，還引出一段『燭影斧聲』懸案：即趙匡胤召見晉王之夜，無人得近太祖帳下，左右只遙見燭影下晉王有時離開太祖牀邊，彷彿回避的樣子，不久太祖持斧戳地，大聲對晉王說：『好為之。』燭影斧聲，太祖駕崩，晉王趙光義頗有弒兄篡位之嫌，但宮闈事秘，當晚的事誰也說不清楚，終成宋史一大懸案。

道士張守真何以托天神之言，要太祖遜位於晉王呢？據李攸《宋朝事實》說：趙光義還在當晉王時，聞張守真有『靈應』，即派人和張守真拉上了關係。張守真托神降靈，暗示趙光義將會當宋朝第二代皇帝。張守真的預言果真成為現實，太宗嗣位後，不久即召張守真作延祚保生壇。

宋代文士王欽若奉敕編《翊聖保德真君傳》進一步敷衍黑殺神降世顯靈、斬妖驅邪的故事，旨在為宋太宗的繼位，製造『君權神授』的神學依據。這位降說天命的黑殺神，即被太宗封為翊聖將軍，真宗加號為翊聖保德真君，成為道教尊神。

翊聖保德真君降世，教張守真結壇之法，使為宋朝齋醮祈福。

真君傳九種結壇法，分為上中下三等。上三壇為國家設。其上叫順天興國壇，設三千六百星位，稱普天大醮；其中叫延祚保生壇，設二千四百星位，稱周天大醮；其下叫祈穀福時壇，設一千二百星位，稱羅天大醮。

中三壇為臣寮設。其上叫黃籙延壽壇，設六百四十星位；其中叫黃籙臻慶壇，設四百九十星位；其下叫黃籙去邪壇，設三百六十星位。

下三壇為士庶設。其上叫續命壇，設二百四十星位；其中叫集福壇，設一百二十星位；其下叫卻災壇，設八十一星位。

這三等九級壇法，所用法物儀範各有等級差別。

據說張守真拜受結壇法後，齋醮祈佑，往往有徵驗，都得力於翊聖保德真君暗中護佑。但這些都不過是宗教神學的說法而已。

用科學的眼光來看，齋醮結壇之法當然不是神授，它是道士在齋醮活動中，不斷創造、發展而逐漸形成的。但是，黑殺神傳張守真結壇之法的仙話，籙反映了宋代的齋醮壇場，已有三等九級壇法的事實。而其中有些壇法，如周天大醮、羅天大醮，唐代就已經舉行。

宋初最大齋醮法事，是張守真在瓊林苑作的周天大醮，在醮壇上，黑殺神再降格言說：

建隆元年奉帝言，乘龍下降衛人君。
掃除妖孽猶閒事，縱橫整頓立乾坤。
國祚已興長安泰，兆民樂業保天真。
八方效貢來稽首，萬靈震伏自稱臣。
親王祝壽須焚禱，遞相虔潔向君親。
吾有捷疾一百萬，諸位靈官萬該人。

若行忠孝吾加福，若行悖逆必誅身。
黨罰行之即平等，天無氛穢地無塵。
愛民治國勝前代，萬年基業永長新。

宋太宗聞此格言，十分驚異，連稱：家國之幸！宗廟之慶！命緘藏格言於內殿。

這次齋醮後，宋太宗決心修上清太平宮。

三年後，在終南山下，上清太平宮落成。宮中通明殿，奉祀玉皇、三十二天帝、大遊、小遊、五福、四太乙、紫微帝君、二十八宿諸神位；七元殿、黑殺殿，奉祀靈官童子、六丁神、歲星、辰星、天蓬、九曜、東斗、三官、玄武、十二元辰、西斗諸神位；還有天曹殿、南斗閣、靈官堂、龍堂等。

太宗命選擇道士住宮焚修，每歲三元及誕節，皇帝本命日，都要遣中使致醮，祀神之夕，太宗遙望禮拜。歲遇水旱，國家有大事，都要齋醮禱請。

宋太宗以五福太一，天之貴神，故敕命在京師（開封）東南蘇村修太一宮。太平興國八年（九八三年），太一宮落成，次年，太宗親祠太一宮，撰《祭告太一宮詞》，太一宮成為皇室齋醮祭祀中心。

如果說張守真天神下降事件拉開了宋代齋醮的序幕，宋真宗的『天書』事件，使齋醮活動進入高潮。

所謂『天書』事件，發生在大中祥符元年（一〇〇八年），這事也是由所謂神人下降開始的。景德四年（一〇〇七年）十一月二十七日夜，真宗就寢，忽一室明朗，驚視之餘，見一神人，星冠絳袍，告訴真宗說：『宜於正殿建黃籙道場一月，當降天書《大中祥符》三篇，勿洩天機。』真宗從十二月一日起，即蔬食齋戒，在朝元殿建黃籙場，結彩壇九級。又雕木為輿，飾以金寶，恭候神降天書。一月後，果有鴟銜黃帛，停在承天門屋之南角，這就是神降天書。真宗即步至承天門，焚香望拜，命內侍登屋捧天書，真宗拜受，至道場啟封，帛上有文：

趙受命，興於宋，付於恒。居於器，守於正。世七百，九九定。

帛中即緘封天書《大中祥符》三幅，命陳堯叟讀之，『始言真宗能以至孝至道紹世，次諭以清淨簡儉，終述世祚延永之意。』（《續資治通鑑長編》卷六八）

天書《大中祥符》三篇的原文今已不存，《真宗實録》、《大中祥符封禪記》、《續資治通鑑長編》都記載了天書下降一事。宋真宗《玉京集》有『謝降天書表一道』，表文說：『當上春之旭日，受上帝之祥符。……諭以十世之延長，誨以為治之清淨。』這大概即是天書內容之旨要。

這裡有幾點要指明：真宗所見的神人，『星冠絳袍』，觀其服飾，知此神人道士裝束，乃知其為道教之神。黃帛讖文說的『付於恒』，指宋真宗趙恒，這是最明顯不過的君權神授的把戲，這場『天書』下降把戲的策戲人，應該就是宋真宗本人。

『天書』下降之後，真宗與輔臣皆蔬食，遣吏部尚書張齊賢等奏告天地、宗廟、社稷及京城九大宮觀，又舉行盛大儀式，遵道教儀禮，酌獻三清、天書，次日大赦，改元大中祥符。

這一年的三月，兗州父老呂良等一千二百八十七人詣闕請封禪。規模最大的一次封禪請願達二萬四千三百七十人，由宰相王旦率領至東上閤門，五次上表，請求封禪。於是，在四月一日，『天書』又降於大內功德閣；六月甲子，『天書』又降於醴泉亭，都與封禪有關。既有道教尊神所賜天書，封禪一事遂定。真宗下詔，天書出京至泰山，出發之日用道門威儀一百人，途中用三十人，即以道士儀仗隊伍為封禪車駕開路。封禪還京，真宗下詔以正月三日『天書』降日為天慶節，節期京師於上清宮建道場七日，宰相迭宿，諸州建道場三日。

圍繞『天書』下降事件，真宗欽定天慶節、天貺節和天祺節（四月一日），每逢三節，全國都要設醮祭祀，還特命太常禮院詳定天慶道場齋醮儀式，頒行諸州。自此，道教齋醮儀式被作為宋朝國家祭祀儀禮。《宋史·禮誌》記載的奉祀天書、玉皇、聖祖之國家祭禮，都是建金籙道場，設羅天大醮。

可能是宋代羅天大醮格外盛行，宋真宗東封泰山後，令兩街道錄（道教管理機構首腦）召集高道修齋醮科儀，命王欽若詳細審定，新編成《羅天大醮儀》十卷。

宋神宗時，命提舉中太一宮孫永監修刪潤齋醮科儀。宋徽宗時，命道士林靈素修正一黃籙青醮科儀。宋代皇室最大的一次修訂齋醮科儀，是在宋徽宗大觀二年（一一〇八年），此年三月庚申，徽宗詔以金籙靈寶道場儀範四百二十六部，降天下道觀，命守令選道士依法奉行。

3、元明國醮

金元時期，全真道在北方崛起。金元之際的幾代全真宗師，道法高妙，深得統治者賞識和禮遇。並將全真宗師主持的齋醮法事，鐫刻金石，以名垂青史。

金大定二十八年（一一八八年），世宗召丘處機進京，命主持萬春節醮事。翌年，世宗又召王處一。王抵京時，世宗已死，繼位的章宗即命王處一設醮，為世宗求冥福。章宗新即皇位，即於明昌元年（一一九〇年）二月，敕命王處一在京師（中都）十方大天長觀，為國設普天大醮七晝夜，章宗駕幸天長觀，行香祭祀，齋戒七日，並親書普天大醮青詞一通，《十方大天長觀普天大醮瑞應記》記其詞說：

嗣天子臣謹上啓三清四帝二後，伏以祇應丕緒，仰戴慈闈，惟日奉承。方備九州之養，賴天孚佑；克開萬壽之祥，偶失時和。遽成微恙，爰款殊庭之邃，聿嚴秘醮之科。所冀孝誠俯回真馭，垂至神而洞鑑，錫景命之延洪，嘉與羣生，永依大庇。臣無任懇禱之至，謹詞。（《道家金石録》第一〇四三頁）

泰和元年（一二〇一年）、三年（一二〇三年），章宗兩次召王處一在亳州太清宮舉行晉天大醮。王處一是全真道祖師王重陽七大弟子中最著者，而晉天大醮是道教齋醮中壇位最高者，其壇稱順天興國壇，設星位三千六百，旌旗鑑劍、弓矢法物，羅列次序，開建門户，具有儀範，是最大規模的醮祀儀式。

金大安三年（一二一一年）冬十二月二十九日，金完顏永濟敕中都太極宮提點李大方，於崇慶（一二一二年）改元春上七日，在太極宮設羅天大醮三晝夜，皇帝御署青詞，遣官行禮載敕，高功捧玉簡金龍，赴天下名山大川，嶽瀆水府投送，為國祈恩，與民請福，願兇寇不生，甘霖時作。

金元時期的國家齋醮，多在全真祖庭十方大天長觀、太極宮、長春宮舉行。金世宗大定七年（一一六七年），在中都建十方大天長觀，金章宗泰和三年（一二〇三年），改名太極宮，元太祖二十二（一二二四年），因丘長春住持大都太極宮，敕改名長春宮，明正統八年（一四四三年），改名白雲觀。

元代長春宮歷代全真宗師，及太一道、玄教、正一道宗師多奉敕為國舉行大型齋醮儀式。丘處機弟子李誌常，兩次奉朝命，在長春宮建普天大醮、金籙大齋。

蒙哥汗四年（一二五四年）春三月，元憲宗蒙哥命各方國齋醮，超昇幽魂，特敕命全真掌教李誌常主醮，作大濟度師，挑選各地高道，在長春宮設黃籙普天大醮三千六百分位，醮期七晝夜。憲宗親署密詞九通、玉簡三面，名卿士大夫皆有讚咏，佳聲和氣，傾動京邑。

元世祖中統元年（一二六〇年），忽必烈詔長春宮設羅天清醮，全真掌教宋德方主持七晝夜醮儀。同年，又敕命太一道五祖李居壽，在本宮設黃籙靜醮，冥薦江淮戰役捐軀者。

元世祖中統五年（一二六四年），全真道真人張誠明，奉敕在長春宮設金籙周天大醮七晝夜，並赴濟瀆投龍簡。

元仁宗延祐元年（一三一四年），玄教大宗師張留孫等，領天下道士千餘人，在長春宮建周天大醮七晝夜，薦科宣儀，禮於上真，並命集賢司直、奉訓大夫周應極，崇真萬壽宮提舉陳日新，乘傳封香，赴濟瀆投龍簡。

元仁宗延祐二年（一三一五年）冬十月，玄教大宗師張留孫、全真掌教孫德彧受命在長春宮建金籙普天大醮九晝夜，醮後，中奉大夫李倜、太一崇玄體素演道真人蔡天祐，賚持寶香，玉刻符簡、玄璧金龍，至濟瀆靈源投奠。

泰定元年（一三二四年），泰定帝令玄教大宗師吳全節、太一七祖真人蔡天祐、五福太一真人呂誌彝、正一大道真人劉尚平、玄教嗣師真人夏文泳，率法師道士幾千人，在大都崇真萬壽宮建金籙周天大醮七晝夜，並赴瀆投龍簡。這是一次由太一道和正一道法師主祭的盛大法會。

泰定二年（一三二五年）二月，正一道三十九代天師張嗣成、全真掌教孫履道、玄教大宗師吳全節，率南北道士千人，在長春宮建黃籙普度大醮七日，出黃籙白簡萬通。元文士虞集撰《黃籙普度大醮功德碑》，記此醮議說：『赫赫洋洋，洞洞煌煌，一時盛典，蔑有加焉。』（《道園學古録》卷二三）

金元統治者動輒舉行金籙普天、周天、羅天大醮，祈求國泰民安、五穀豐登，這僅是一般齋醮的目的。作為北方女真、蒙古民族，他們入主中原，採用道教齋醮儀式以行國家大典，表明他們對漢文化的接受與認同，而宗教儀式的舉行，則直接服務於政治目的，即國家的長治久安。

國家舉行黃籙大醮，歷史上並不多見。元統治者以武力征服中原，無數將士，血染沙場，命歸黃泉，建黃籙普度大醮，正是要普遍濟度陣亡將士。

明朝立國之初，太祖朱元璋即敕禮部擬定道教科儀格式，於洪武七年（一三七四年）頒行《大明御制玄教立成齋醮儀》。

明代正一道貴盛，列代張天師受到明諸帝的重視，國家齋醮祭祀，多命龍虎山張天師主持。朱元璋早在稱吳王時，就致書四十二代天師張正常，請張天師代為奏聞上帝，捧詞達天，以申祈禱之情。洪武二年（一三六九年），朱元璋召張正常入朝，齋戒三日，親署御名於章，令張正常代為上章，通誠天帝。

從洪武至永樂年間，四十三代天師張宇初為國建玉籙大齋、薦揚玉籙大齋、延禧大齋，傳延禧法籙，禱雨，遣弟子分祭羣嶽。四十四代天師張玉清建金籙大齋、祈謝金籙大齋、玉籙大齋、祈謝大齋、普度醮、保安醮、金籙報恩延禧普度羅天大醮等。從《皇明恩命世録》、《漢天師世家》、《大嶽太和山誌》、《徐仙真録》、《龍虎山誌》、《明季北略》、《崇禎實録》、《淡然軒集》諸書記載統計，明代張天師共為國齋醮八十四次，其中成祖朝十五次，英宗朝二十次，世宗朝十次。

明成祖永樂五年（一四〇八年），張宇初在朝天宮舉行薦揚玉籙大齋，為剛死去的仁孝徐皇后超度，這次大齋長達百日，是歷史上所見時間最長的一次齋醮法會。

永樂十七年（一四一九年），四十四代天師張宇清在福建洪恩靈濟宮建齋七日，集浙江、湖廣、江西、福建四處道士七千餘人參加齋會。創造了齋醮人數最多的歷史紀録。次年所建的玉籙大齋，也有一千八百羽士的規模。

明世宗嘉靖年間（一五二二——一五六六年），可謂是中國歷史上齋醮香火最旺的時代。嘉靖之初，世宗聽信太監之言，在乾清宮建醮，事無大小，繫請於神，不驗則請之再三，有驗則行大醮以謝神佑，『不齋則醮，月無虛日。』（《明通鑑》卷五〇）

明世宗最寵信道士邵元節、陶仲文，宮中齋醮，多由二人主祭，《松窗夢語》記邵元節、陶仲文在乾清宮主持清醮的情況：

> 倡率道衆，時舉清醮，以爲祈天永命之事，上亦躬服其衣冠，后妃宮嬪皆羽衣黃冠，誦法符咒，無盡晝夜寒暑。

世宗皇帝如此嗜好齋醮，宮中内官千餘人，皆究習經典，講誦科儀，争相以此邀寵。嘉靖二十一年（一五四二年），發生宮婢之變，世宗險被勒死，移居西苑永壽宮後，乾脆不過問國家大事，日夜奉行齋醮，明沈德符《萬曆野獲編》說世宗：

> 移蹕西苑，躬尚玄修，自旱澇兵戎，以至吉凶典禮，先則叩玄壇，後則謝玄恩，若報捷又雲仰伏玄威，如此幾三十年。（《萬曆野獲編》卷二）

沈德符還記載世宗時齋醮的費用，說每一舉醮，用赤金數千兩，還不計其他費用。醮場的門壇匾對都用金書，屑金為泥，僅此一項，即耗金數十盌。明給事中鄭一鵬也說世宗：『一醮之費金錢萬餘，以月計之，不知幾萬。』（《皇明嘉隆兩朝聞見記》卷一）

頻繁的齋醮，巨額的耗費，使齋醮活動已走向反面，明代帝王熱衷齋醮，並未能順天興國，延祚保生，相反，皇室日漸没落，國運日趨衰頹。崇禎十七年（一六四四年）二月，李自成率農民起義，大軍進逼北京，崇禎皇帝建羅天大醮四十九日，但仍未逃脱王朝覆没、吊死景山的厄運。

清代以後，道教漸趨衰落，齋醮香火，已遠無昔日之盛。

二、宮觀儀範

（一）宮觀威儀

1、宮觀規制

道教齋醮祭祀的場所叫宮觀。

中國古代的祭祀場所叫『祠』，祠堂、宗祠、神祠、先賢祠、巫祠、仙祠，都是祭神之所。五斗米道和太平道初創時期，曾同遍佈天下的神祠進行殊死的鬥争，蕩除舊祠，創建新祠，而此新祠卻另有稱呼。

東漢道教創立時期，祀神場所叫治、靖、廬、靜室或茅室。張陵傳道巴蜀，創建二十四治。據傳張陵創此制度，頗有雄圖大志，昔漢高祖應二十四氣祭二十四山，遂王有天下。張陵仿劉邦之法，殺牛祭祀二十四所，置土壇，構草屋，稱二十四治。

《玄都律》說：『民家曰靖，師家曰治。』民家靖室，是道民奉道致誠之所，其中只置香爐、香燈、章案、書刀四物，灑掃精肅，常若神居。民家祀神之所，又可稱廬。師家之治，是道衆集體祭祀之所。《要修科儀戒律鈔》卷十引《太真科》說：

> 立天師治，地方八十一步，法九九之數，唯昇陽之氣。治正中央名崇虛堂，一區七架六間十二丈，開啓堂屋。上當中央二間，上作一層崇玄臺。當臺中央安大香爐，高五尺，恒燔香。開東西南三户，户邊安窗，兩頭馬道。……崇玄臺北五丈起崇仙堂，七間十四丈七架，東爲陽仙房，西爲陰仙房。玄臺之南，去臺十二，又近南門，起五間三架門室，門室東門南部宣威祭酒舍，門屋西間典司察氣酒舍。其餘小舍，不能具書。二十四治，各各如此。

這種天師治，是天師子孫、山居清苦濟世道士、大小祭酒等有身分的道士祭祀朝禮之所，建造格局已具後世宮觀雛形。

靜室，又叫茅屋、方溜室、環堵，多建在名山大澤無人之野，是棲居山野道士祭祀修真之所，因其遠隔塵世喧囂，故稱靜室。

上述治、靖、廬、靜室規制，已是魏晉時期的情形。南北朝時期，道教祀神之所已稱道館、道觀。著名的有：簡寂館、懷仙觀、太平館、金陵館、宗陽館、棲真館、洞天館、嗣真館、招真館、崇虛觀，故北齊文宣帝高洋有『館舍盈於山藪』之說。

唐開元年間，全國有道觀一千六百八十七所，道觀營造格局已趨成熟，形成宮觀建造規制，《洞玄靈寶三洞奉道科戒營始·置觀品》記道觀規制說：

造天尊殿、天尊講經堂、說法院、經樓、鐘閣、師房、步廊、軒廊、門樓、門屋、玄壇、齋堂、齋厨、寫經坊、校經堂、演經堂、熏經堂、浴室、燒香院、升遐院、受道院、精思院、淨人坊、騾馬坊、車牛坊、俗客坊、十方客坊、碾磑坊、尋真臺、煉氣臺、祈真臺、吸景臺、散華臺、望仙臺、承露臺、九清臺、遊仙閣、凝靈閣、乘雲閣、飛鸞閣、延靈閣、迎風閣、九仙樓、延真樓、舞鳳樓、逍遥樓、静念樓、迎風樓、九真樓、焚香樓、合藥堂等。

按此規制，道觀應有殿堂臺院、樓閣房廊等達五十一處。唐代都城長安計有四十三座道觀，多建築宏麗，極土木之盛，殫良工之精。著名的東明觀，屋宇館閣達四千餘間；昊天觀，盡占保寧坊一坊之地。太清宮、興唐觀、金仙觀、玉真觀等，皆是唐代著名宮觀。

宋代東京玉清昭應宮的興建，將宮觀建造推向高峰。玉清昭應宮作於宋真宗大中祥符元年（一〇〇八年），歷時七年建成。此宮興建，傾全國人力物力，日役工三、四萬，發京東西河北淮南州軍禁軍，調諸州工匠，每季輪換。選四廂指揮使忠佐二員負責督造，立賞格鼓勵工匠。李攸《宋朝事實》記玉清昭應宮之修建說：

> 其所用木石，則有秦隴岐同之松，嵐州汾陰之柏，潭衡道永鼎吉之杉松桐楮，溫臺衢婺之豫章，明越之松杉。其石則淄鄭之青石，衛州之碧石，萊州之白石，絳州之斑石，吳越之奇石，洛水之玉石。其彩色則宜聖庫之銀硃，桂州之丹砂，河南之赭，衢州之朱土，梓州之石青石綠，磁相之黛，秦階之雌黃，廣州之藤黃，孟澤之槐花，虢州之鉛丹，信州之黃土，河南之胡粉，衛州之白堊，鄆州之螺粉，兗澤之墨，宣歙之漆，賈谷之望石，萊蕪興之鐵。其木石皆遣所在官部押。兵民入山谷伐取，挽輜車泛舟航以至，餘皆分布部綱輸送。

徵調天下土木奇石建成的玉清昭應宮，東西三百一十步，南北四百三十步，宮宇共一千六百一十區。東西山院，皆累石為山，引流水為池。東有昆玉亭、澄虛閣、昭德殿、西有瑤峰亭、涵輝閣、昭信殿。北門有迎禧、迎祥二宴殿。太初殿礎石為丹墀、龍墀，前置日月樓，畫太陽太陰像，環殿圖八十一幅。太一殿東西廊，圖五百靈官，前置石壇、鐘樓、經樓。四隅建樓闕，其外引金水為甓渠，燥宮垣，又分二石渠貫宮中。

玉清昭應宮五十多所宮殿門名，都是真宗御制賜名，親書填金。宋人田況《儒林公議》讚玉清昭應宮：

> 其宏大瑰麗，不可名似。遠而望之，但見碧瓦凌空，聳耀京國。每曦光上浮，翠彩照射，則不可正視。……議者以爲玉清之盛，開闢以來，未之有也，阿房建章，固虛語爾。

田況盛讚玉清昭應宮，認為秦代的阿房宮，西漢的建章宮，都無法與之相比。阿房建章的宏傳氣勢，瑰麗宮闕，人們從班固、張衡的兩都、兩京大賦的鋪陳描寫，已可領略秦漢宮闕的氣派，但那畢竟是秦皇漢帝居住的地方。可是千年之後的宋代，道教清昭應宮的宏大瑰麗，已使阿房、建章黯然失色。

出任修玉清昭應宮使的是大臣丁謂，他殫國財力而大興道宮，當然遭到許多朝臣的反對，但丁謂對真宗說：『陛下富天下，建一宮崇奉上帝，何所不可。且今未有皇嗣，建宮於宮城之乾地，正可祈福。』（《續資治通鑑長編》大中祥符二年條）丁謂說到了要害，皇權需要依靠神權，皇嗣更是關係趙氏江山繼承的大事，那些反對的言論自然銷聲匿跡了。

可惜的是：如此宏偉的一座宮觀，竟在爾後的一場大火中化為灰燼！

宮觀是供道士修道齋醮的場所。住觀道士的人數，視宮觀大小不等。唐代置立道觀，有度道士七人，十四人，二十一人，四十九人諸種記載。唐太宗曾敕茅山太平觀度道士二十七人，唐高宗時，敕太平觀可度道士四十九人。唐代宗時，新作長安乾元觀，置道士四十九人。唐肅宗時，東川節度使李叔明上《請刪汰僧道疏》，議請分道觀為上、下二等，上觀度道士十四人，下觀度道士七人，但此刪汰僧道的計劃未能付諸實施，代宗時還度乾元觀道士四十九人就是證明。

宮觀擁有道士人數的多少，還與宮觀經濟實力有關。唐宋時期，宮觀已普遍佔有田地、碾磑、車牛等，稱之為常住，常住收入，成為住觀道士衣食之源。常住收入多的道觀，就有能力接納較多的道士住觀焚修。

宮觀職事，南北朝時已有館主、法師等職，《茅山誌·九錫真人三茅君碑》，記載立碑並在碑陰題名的道士有館主、精舍女官、服食道士、招真道士、風臺道士、三洞法師等近百人。

唐代道教宮觀職事，已有觀主、上座、監齋、練師、威儀、法師、都監齋、道副、都監、大德等，其中煉師、法師、大德又是道士修行品位名稱。《唐律疏議》稱道觀上座、觀主、監齋為三綱，三綱為執掌宮觀權力的人物。後世正一道，即承襲此道觀古制。

金元全真道興起後，實行十方叢林制度，又稱十方常住。道教宮觀多在名山福地，宮觀大門通稱山門，深山老林萬物叢生，十方常住道眾薈萃，故稱叢林。

叢林有一套系統的管理制度和方法，稱為叢林制度。十方叢林的財產屬教團道眾公有，地不分南北東西，派不分全真正一，凡道士皆有掛單居留的權利，叢林對掛單者考核經籍、查明身分後，有准許居留的義務。叢林實行民主管理方法，方丈、監院、都管等主要執事，皆由道眾選舉產生，一般執事也由道眾公議推舉。執事多由品行端正、戒守謹嚴、道法高妙者擔任。執事任期一定，可連選連任；對不稱職或瀆職者，可由道眾公議罷免，嚴重瀆職者要按清規戒律予以處罰。道眾民主推選的執事，多能以振興教門，辦好教務為己任，任職期滿，能自覺讓賢，光榮引退，由於這種甘居人下的道門風尚，很少有戀位之人。十方叢林制度能數百年相沿不替，承續至今，根源即在此。

2、宮觀執事

十方常住執事體制，叢林首領為方丈、監院、都管，這與唐代道觀的三綱頗相類似。監院下設客堂、寮房、庫房、賬房、經堂、大厨房、堂主、號房八大執事部門，執事人員有三都、五主、十八頭之稱。

十方叢林主要執事及所司職務如下：

方丈：為一觀之主，實際上是種榮譽職位。方丈必須是受過三堂大戒，精通戒律儀式，而又深孚衆望的高道，才有資格擔任，如本叢林中没有堪任方丈者，可從其他叢林禮請。如一九八九年，全真第一叢林、龍門祖庭北京白雲觀禮請西安八仙宮王理仙道長，出任北京白雲觀第二十二代方丈。方丈任期數年，最長為十年。在十方叢林傳戒期間，方丈擔任傳戒律師，謂其精通戒律，可以代表太上道君傳授戒律，親手頒發戒牒，傳戒後即退居後院。

監院：亦稱住持，俗稱當家。是叢林的實際主持人。須道德齊備，仁義兼全，才智出衆，威儀可法者方可當此任。監院由叢林道衆公選，任期三年，可連選連任。監院如不稱職，方丈可下普板請道衆，宣明過失，辯明是非，免職撤换。如本常住無合適人選，可到其他常住或小廟選請。如現北京白雲觀監院黄信陽，成都青羊宮監院胡明輝，皆是道教中年輕有為者。

都管：是監院助手，統領叢林大小事務，檢查出入賬目，散發單錢，負責接待應酬。都管為常住統理，道衆表率，須才智兼全，威儀內慎，寬以待人，謙以持身者擔任。都管運度檢點，淨心無私，赤心辦事，方不負尊位之任。如有徇私、懈怠，方丈率衆開堂，依規公論，輕則罰齋，重則抽單（撤職）。

都講：管理圜堂、鉢堂、諸經講義威儀等事，須有道學，熟悉經書者，才能擔當此任。

都厨：管理道衆膳食，須秉公之士充任，倘有不公，議換抽單。

都管、都講、都厨稱為三都。

静主：坐静安圜，管理圜堂修行坐静之人，常談聖真經教，不言雜語，須通道德之士充任，倘不稱職，一例罰齋。

堂主：管理十方堂、雲水堂的執事。凡雲遊掛單的道士，皆住此二堂中，堂主負責監察掛單道士持戒威儀。

殿主：負責管理某一神殿的執事，管該殿灑掃、香火、供器整潔、安全等事。倘有不恭懈怠，褻瀆上聖者，罰油入庫。

經主：管理修奉經典、三時功課、朔望朝賀等宗教活動。當選洞明經典、科儀規範、忌諱、禮法者充任。

化主：是專管化緣募捐的執事。須熟明因果，善於酬對之士充任。

静主、堂主、殿主、經主、化主稱為五主。

十方叢林的十八頭是：

庫頭：保管齋糧供品，金銀珠玉，財務器皿等物。須正直清廉、耐心細緻之士充任。

莊頭：分內莊頭與外莊頭，內莊頭負責農具保管與修理，外莊頭負責組織道衆耕作莊田。

此外有堂頭、鐘頭、鼓頭、門頭、茶頭、水頭、火頭、飯頭、菜頭、倉頭、磨頭、碾頭、園頭、圊頭、槽頭、淨頭等，具體負責一項事物，如鼓頭司開静止静大鼓，淨頭負責灑掃宮觀殿堂階庭等。

全真道除十方叢林外，還有子孫廟。子孫廟不論規模大小，都稱為小廟。小廟的廟產私有，師徒相傳，徒弟繼承師父法嗣，亦繼承廟產。小廟可招收徒弟，但不能傳戒，並不得懸掛鐘板。師父是子孫廟主持，居廟道士較少，故無複雜的組織機構，很類似一個家庭。小廟一般接待十方道衆，即不留單。通常小城鎮和農村的全真宮觀屬子孫廟。

介於十方叢林和子孫廟之間的是子孫叢林。它是子孫廟興旺以後，懸掛鐘板，留單接衆，並給留居觀內的十方道友安排一定職務，共同管理道觀事務。子孫叢林也可傳戒，但傳戒後就要按叢林規制，不得招收徒弟。可見子孫叢林實為子孫廟的升格。

正一道宮觀負責人稱住持，又稱提點。要求住持言行端莊，學問明博，剛方正直，為道衆師表。住持一般由德高望重的道士擔任。住持下設知庫管田糧，砧基道人管賦稅，知事管接待，直歲管宮觀維修、壇宇潔淨等事。

明清時期的龍虎山大上清宮是正一道最大的宮觀，上清宮的提點，一般由張天師兼任。此外職事有提舉一員，副官二員，上座二員，監齋、直歲、掌籍、書記各一員，知事六員、知書、知庫各一員。

正一道還設有法官一職。《天皇至道太清玉册》說：『漢張道陵始有驅雷役鬼之事，行其法者，曰法官。』法官職權甚大，凡行符咒水，燒香上章，敕水籙符、驅役鬼神、設醮登壇，皆法官掌行之事。清代龍虎山法官婁近垣，即是著名法官，在雍正朝權傾一世，授四品提點。

道教叢林制度隨時代變遷也有變化，一九四九年後，叢林制度中一些封建因素被革除，不適應時代發展的陳規陋習被摒棄。一九九二年，中國道教協會制訂了道教宮觀管理辦法，規定宮觀應設立管理組織，實行民主管理。民主管理組織成員，要在充分民主協商的基礎上，由全體道衆選舉產生。其成員，應由愛國愛教，為人正派，辦事公道，有一定管理能力和道教學識的道衆擔任。宮觀可根據實際情況，設立相應的方丈、監院（住持、當家）、知客等道教傳統職能，在管理組織的領導下，組織實施各項活動。

(二) 修道儀範

1、道士品位

道教齋醮活動的舉行者是道士。

道士也稱道人、羽士、羽客、羽衣、羽人、黃冠等。道士稱呼男女有別，女道士稱女官、女冠、道姑、坤道；男道士稱乾道、黃冠。戰國秦漢稱有道之士、崇道之士或方士為道士。東漢道教創立後，亦稱信徒為道士。

道士一詞，道經中是這樣解釋的：

《太霄琅書經》說：身心順理，唯道是從，從道為事，故稱道士。

《道門通教必用集》說：所以稱名道士，是指行住坐卧，舉念運心，惟道是修，惟德是務，惟行道業。

總之，古代稱奉道、修道、得道和有道術的人為道士。

唐開元中，道士史崇玄修《一切道經音義妙門由起》將道士分為天真、神仙、幽逸、山居、出家、在家、祭酒七等。說前五種道士去塵離俗，守真全真，不拘世務；後二種道士少居宮觀，但在人間，救療為事。後世全真、正一的區分，可能其淵源應追溯至此。北宋孫夷中編《三洞修道儀》，記載的道士修行品位更多，有洞神部道士、高玄部道士、昇玄部道士、中盟洞玄部道士、三洞部道士、大洞部道士、居山道士、洞淵道士、北帝太玄道士。女道士修行的品位有正一盟威女官、洞神女官、高玄女官、昇玄女官、中盟女官、三洞女官、上清女官、居山女道士。

唐開元修《唐六典》，稱道士修行有三號，一叫法師，二叫威儀師，三叫律師。德高思精者，稱為煉師，唐代著名道士司馬承禎，唐詩中即稱為司馬煉師。

唐代道教法師又有區分。《洞玄靈寶三洞奉道科戒營始》將法師分為山居法師、正一法師、高玄法師、洞神法師、洞玄法師、洞真法師、大洞法師、三洞講法師。這種法位稱號階次，係根據經文修習程度。如受靈寶中盟經四十二種稱洞玄法師，受上清大洞經四十三種稱洞真法師，受上清經總一百五十卷稱三洞法師。

關於煉師，當代道教學者李養正先生是這樣解釋的：『道教認為生道相依相守，生道合一，可以養生修道以延年益壽，可以成仙而長生久視。它是一種重生貴術的宗教，有極為豐富多彩的修煉理論與方法，總的來說謂為性命雙修。從事修煉者謂為煉師。』（《中國道教》一九九三年第三期第三九頁。）

唐代道士已形成統一階次。凡初學道者，男七歲，號籙生弟子，女十歲，號南生弟子，授三戒五戒等。已婚者男稱清真弟子，女稱清信弟子。童男女至十五歲方可出家，入道後稱智慧十戒弟子。次授初真八十一戒，稱太上初真弟子，號白簡道士。次授正一盟威籙，稱太上正一盟威弟子，始可為人章醮，得稱天師祭酒，即正一法師，此為入道之初階。如繼續修行，就可漸陞更高階次：授金剛洞神籙，稱太上洞神法師；授太上高玄籙，稱太上紫虛高玄弟子、高玄法師、遊玄先生；授太上昇玄籙，稱太上靈寶昇玄內教弟子、昇玄真一法師、無上光明真人；授中盟籙，稱太上靈寶洞玄弟子、無上洞玄法師，而後再逐次陞為洞真法師、三洞法師、大洞法師，獲得道教最高一級法師的職位。

現在道士已沒有這種法位階次，對有道學修養者，一般尊稱為道長，對擔任道職、德高望重者，可尊稱為大師。現中國道教協會將道士分為五種：

(一)道士：終身學道修持，以宮觀為家者。

(二)學士：入道鑽研經學義理。學識淵博，並以弘揚道教事業作為自己終身職責者。

(三)隱士：隱居山俗，不問世事，學道修仙，以性命修持為主要方向，且道德皆深厚者。

(四)居士：居家修持，奉道積善，建諸功德，吃齋誦道者。

(五)信士：社會名流學者，著書立說，頌揚道教者。

現社會上的各種奉道人，凡宗元『道、經、師』三寶，信道、學道、修道、弘道、興道之士，業經拜師學經、冠巾或受籙者，皆可謂道士。

2、道士服飾

道士與世俗之人的外在區別是服飾。東漢張角率太平道徒起義時，皆頭裹黃巾，故時人稱為黃巾起義。至劉宋陸修靜，始立道士衣服之號，月披黑巾，霓裳霞袖，冠戴二儀，衣被四象，道士的冠、披、褐才有了定制。

道教說道服是太上老君的法服。唐張萬福《三洞法服科戒文》說太上老君授張道陵道法後，命雲宮玉女，捧出九光寶耀蓮冠，五色丹羅錦帔，雲谷絳文仙褐，翔鳳飛錦羽裙，七色寶雲錦襹，瑤蕊珠文履，碧瑤之笏，七寶之函，流精華，佩琅英，綉璫龍，錦坐褥，瓊鳳香爐，交龍玉凡，斑麟翠拂，明光如意共十五種，賜天師張道陵。

這顯然是道教仙話。

張萬福說：『道能服物，德可法人，以是因緣，各法服也。』這種解釋也嫌牽強。

《三洞法服科戒文》列舉了唐代道士的五種法服，並不全面。唐代道經《洞玄靈寶三洞奉道科戒營始》列舉的道士法服圖儀計十一種：

（一）凡常道士：法服平冠，上下黃裙帔二十四條。

(二)凡常女冠：法服玄冠，上下黃裙帔十八條。
(三)上清大洞女冠：冠飛雲鳳氣之冠。女冠法服衣褐，並同道士，唯冠異制。
(四)山居法師：法服二儀冠，上下黃裙帔三十六條。
(五)正一法師：玄冠，黃裙絳褐，絳帔二十四條。
(六)高玄法師：玄冠，黃裙黃褐，黃帔二十八條。
(七)洞神法師：玄冠，黃裙青褐，黃帔三十二條。
(八)洞玄法師：芙蓉冠，黃褐黃裙，紫帔三十二條。
(九)洞真法師：元始冠，青裙紫褐，紫帔青裏，表二十四條，裏十五條。
(十)大洞法師：元始冠，黃裙紫褐，如上清法，五色雲霞帔。
(十一)三洞講法師：元始冠，黃褐絳裙，九色離羅帔。

明代道經《靈寶無量度人上經大法》的法師服飾，與唐代相同，但增加了珮與劍。

正一法師：丹火玉珮，斬邪之劍，長二尺四寸。

紫虛法師：青玉珮，紫虛陽光之劍，長二尺八寸。或五帝召靈之劍，明玉珮。

洞神法師：白玉珮，太一三元之劍，長三尺。或三皇太一之劍，青玉珮。

洞玄法師：明光玉珮，八景揮靈之劍，長三尺六寸。或五帝威靈禦邪之劍，素玉珮。

洞真法師：珠玉綉履，震靈八景之座，玉簡瑤笏，震靈之劍，左右垂玉珮珠璫。前後通真召靈之符，或仙衲雲霞之帔。

大洞法師：劍珮同洞真法師。

三洞講師：無劍珮。

珮，是古代男子腰間佩帶的玉飾。法師佩劍，用於壇場辟邪，制非威神伏魔。

明南極遐齡老人臞仙撰《天皇至道太清玉册》，其中《冠服制度章》詳列通天冠、雷巾、雨笠、鶴氅、短衫、如意、震靈杖、木履、緉牀、爪袋、拭巾、鹿皮袋、漱盤等道士法服器物計七十多種。在古代文學作品中，戴華陽巾，衣鶴氅成為道士形象的典型描寫。

據説黃帝之時，衣冠尚黃，故作為中華傳統宗教的道教亦崇尚黃色。太平道徒皆著黃巾，『黃巾被服純黃』（楊泉《物理論》）故干寶《搜神記》説『至今道服由此而興。』道士戴黃冠，著黃衣，故黃冠、黃衣成為道士別稱，唐球《題青城範賢觀》詩有『為尋真訣問黃冠』，韓愈《華山女》詩有『黃衣道士亦講説』之語，此類例證，不勝枚舉。

現在道士服飾計有八種：

（一）褂：分大褂、中褂、小褂，大褂袖寬一尺四寸，袖長隨身，右腋有兩飄帶，寓飄飄欲仙之意。

（二）道袍：又稱『得羅』（得讀作『朵』音），袖寬一尺八寸以上，袖長隨身。現大褂、道袍一般多用藍色，以象天色與東方生氣。

（三）戒衣：黃色，袖寬二尺四寸，受戒時戒子須身穿黃色戒衣。

（四）法衣：舉行齋醮及宗教大典時方丈、高功、經師穿的法服。法衣上繡有各種圖案，以顯示不同的職司。方丈的法衣多為紫色，因唐宋以來皇帝多向著名道士賜紫，以示優寵，故紫色法服是法衣最高品位。

（五）花衣：又稱班衣。表樸不繡花，經師做一般功課時即穿花衣。

（六）冠：道士所戴冠有黃冠、五嶽冠、星冠、蓮花冠、五老冠。受戒道士戴五嶽冠，高功戴蓮花冠或五老冠，拜北斗時戴星冠，一般道士戴黃冠。

（七）巾：道士須冠巾，巾有九種，俗稱『道有九巾，僧有八帽』。清代閔小艮《清規玄妙》記全真道士有九種巾。清末流行至今的九巾是混元巾、莊子巾、純陽巾、九梁巾、浩然巾、三教巾、一字巾、太陽巾、逍遙巾。

（八）鞋襪：道士繫高筒白布襪，青布圓口鞋，亦穿雙臉鞋或十方鞋，山居多穿耳麻鞋，褲管須裝入襪筒之內，以示整潔精神。

中國古人的服飾，以黃帝時衣冠最具華夏古風，至戰國趙武靈王胡服騎射，服飾始有變化，隋煬帝東巡，為便於田獵，盡為胡服，獨道士之衣冠未改，保留住黃帝時期華夏民族服飾傳統，於此可見道教抱樸守素之風格。

3、掛單儀範

十方叢林制度興起後，道士出遊，尋真問道，叫做雲遊。雲遊在外的道士叫遊方道士。這種雲遊並非漫無目的，各地的十方叢林和高道大德，即是雲遊訪道目的所在。道士出遊至常住道觀參學稱為掛單。

民國時期的掛單規制是這樣的：

掛單者必須道服整齊。髮，必滿髮蟠髻；衣，必內外圓領，着標準大褂、道袍；巾，須戴混元巾或一字巾，以其能露髮頂冠；冠，一般戴黃楊木刻製的偃月黃冠，受過戒的可戴五嶽冠；襪，須高腰白布長襪；鞋，須青布雙梁鞋或十方鞋，多耳麻鞋。如道裝不整齊，常住概不掛單。

掛單道士進入常住山門後，先到號房門口將單行（背夾、衣物等）放在門側，整理衣冠後，喊『號房老爺慈悲』，內應『慈悲』，號房迎賓道士整齊衣冠後出門迎請，即隨之進入號房，如迎賓道士在右側，掛單道士須抬左脚進門，反之則抬右脚進門。入號房後先向正位祖師行三禮，然後說：『頂禮號房老爺』，迎賓即答：『老修行慈悲，祖師爺收禮，祖師收禮』，隨即深躬答禮。

以上是掛單儀範的進門程序。

行禮完畢，迎賓説：『老修行請座』，掛單道士答：『慈悲』。坐須如鐘，端身正直，兩手袖内，拱置胸前，即正襟危坐，目不斜視。以下迎賓道士問掛單道士從何處來，仙姓，居何處，道派，度師仙姓，是否初次掛單諸問題，掛單道士逐一回答。這是掛單儀範的問詢程序。

接着是考查經文程序。迎賓説：『祖師道場，常住規矩，老修行初回常住要背功課經，供養、結齋、宗派。』掛單道士起身謙答：『弟子愚鈍，經典不熟，來時一路慌速，恐怕有些忘了，請迎賓老爺慈悲，多提少背。』迎賓提到哪裏從哪裏背起，不重新提，就一直背下去。供養、結齋、宗派，一般要全背，《功課經》選背數段即可。背完經，迎賓寫好號單、號牌、並註明大號、復號（初次來註大號，否則註複號），交掛單道士説：『您老拿上，請到客堂去』。號房考查程序至此結束。

接着是客堂考查程序。掛單道士取過單行到客堂門口，肅恭站立，喊『知客老爺慈悲』，知客道士亦衣冠整齊回答『慈悲』，出迎接過單、牌、領入客堂。知客進行第二遍尋問復查，如合格，將號單留下，號牌交給客堂知隨，知隨即領掛單道士到十方堂或雲水堂（單日至雲水堂，雙日至十方堂）見堂主。

最後是見常主程序。知隨領掛單道士至十方堂或雲水堂口，知隨喊『堂主老爺慈悲，大號一單』，堂主答：『慈悲』。以下知隨、堂主、掛單道士互相禮畢，知隨即退出。堂主領掛單道士到厨房參見典竈，以安排掛單道士伙食。然後堂主引掛單道士回堂，安排歇息住處，並囑咐常住規矩，聽候轉單。

掛單儀範至此結束。

轉單儀範：

十方叢林接納掛單者後，堂主須在止静（晚休）前將號牌送交寮房。止静後，巡照持號牌至都管寮，將號牌送交都管，並告知新來掛單道士情況。都管即與巡照商議如何安排掛單道士執事，如係大號（新掛單者），一般先安排至厨房執事，觀其舉止行持。

轉單以後，寮房將號牌送回號房，並將掛單道士擔任執事通知客堂，客堂、都管寮皆過號登簿，並在執事牌上貼簽。掛單道士所轉執事，都管要即時告知監院。掛單道士所轉執事的大小，常住道觀亦有不同規格的轉單儀範。如掛單道士轉都管，宣布此事時，客堂要擺果茶，請巡照、總理、監院至客堂與轉單者相叙，勉勵轉單者任勞任怨，護法常住，雙方各致謙恭之意。

（三）授籙傳戒

前面介紹的道士服飾，僅是修道之士的外在標誌，道教要求入道者通過内心的宗教修持，不斷提高道學修養和道品階次，以最終得『道』，成為有『道』之士。衡量道士修道階次的是法籙和度戒，以下分別介紹。

1、法籙階品

籙即『記錄』。道教的籙分兩種：

道士名冊。稱登真錄，記載道士姓名、道號、師承和道階。表明道士名登道籙，才有學習道法和施行道術、主持醮儀的資格。

天神名錄。記載天神名諱、職能等。通曉此法籙，齋醮時才知召喚哪些神靈，遣往何方，執行何職，才有鎮伏妖魔邪鬼的威懾力量。

法籙是道士應持之典，修真入道之階梯。道教謂法籙是太上老君授與天師張道陵，自正一至大洞凡七等籙，共有一百二十階科，是『從凡入聖之門，助國治身之業。』（《三洞修道儀》）

修真之士，欲從俗登真，必從師授，依科次第修行，從低至高，授受法籙。孫夷中《三洞修道儀》所舉七等籙是：正一盟威籙、金剛洞神籙、太上高玄籙、太上昇玄籙、中盟籙、三洞寶籙、上清大洞寶籙。其列舉正一盟威籙二十四品，中盟籙三十六階，三洞寶籙二十四階，共八十四階品。在一百二十階科中還有三十六階科未見列舉，可見北宋初年，法籙階科已散佚不全。

正一盟威籙二十四階品，被認為是張道陵傳授於世，使過度衆災，落除黑簿，召鬼役靈，進品仙職。立二十四階品，以應上八景、中八景、下八景二十四氣。《正一修真略儀》、《太一三五正一盟威籙》、《太上正一閱籙儀》、《太上三五正一盟威閱籙醮儀》等道經所列二十四種籙名有同異。據《正一修真略儀》記載太上三五正一盟威寶籙二十四階是：

太上三五正一盟威仙靈百五十將軍籙

太上三五正一盟威三元將軍籙

太上三五正一盟威都天九鳳破穢籙

太上三五正一盟威護命長生籙

太上三五正一盟威九宮捍厄八卦護身籙

太上三五正一盟威太玄四部禁氣籙

太上三五正一盟威龍虎斬邪籙

太上三五正一盟威都章畢印籙

太上三五正一盟威步星綱籙

太上三五正一盟威天靈赤官斬邪籙

太上三五正一盟威九州社令籙

太上三五正一盟威百鬼召籙
太上三五正一盟威考召籙
太上三五正一盟威斬千鬼萬神籙
太上三五正一盟威九天兵符籙
太上九天真符籙
太上九天都統畢籙
太上華蓋斬邪籙
太上三五辟邪籙
太上三皇捍厄籙
太上諸度厄過災籙
太上解六害神符籙
太上女青詔書籙
太上九光萬勝籙

修正一盟威籙是道之初階，其次洞神至三洞五種籙的階品名目已不見記載，《正一修真略儀》還記載了第七等籙的階品，即上清籙二十四階：

九天鳳氣玄丘太真書籙、太真書籙、三天正法籙、上皇玉籙、龜山元籙、飛行三界籙、飛行羽章籙、三元玉檢籙、上元檢天大籙、下元檢地玉籙、中元檢仙真書籙、上清檢人仙籙、靈飛六甲籙、靈飛六甲內思籙、六甲素奏丹符籙、元始玉皇譜籙、太微黃書九天八籙、太微天帝君金虎真符籙、太上神虎玉籙、八威召龍籙、河圖寶籙、太上八景晨圖籙、帝君威靈籙、流金火鈴籙、攝山精圖籙。

古代的道士從受百五十將軍籙始，要獲得最高的上清攝山精圖籙，非經過長期的修持，甚至是畢生的奮鬥。道教的授籙，根據道士受法籙階品，將道士分成不同法位等級，每一法位，又根據道士受法籙的高下，授與不同的法籙名銜，此名銜也表明道士所受法籙品位。據《受籙次第法信儀》記載道士受法職位次第：

（1）正一法位。此法位的道士名銜依次是：清信道士，十戒弟子，籙生弟子，正一盟威弟子，系天師某治太上中氣左右某氣正一盟威弟子，正一盟威弟子三五步綱元命真人，北斗七元真人，門下大都功。

（2）道德法位。此法位的道士名銜有：金鈕弟子，太上高玄法師某岳先生，太玄都太上三寶弟子。

（3）洞神法位。此法位的道士名銜有：洞淵神咒九天法師小兆真人，洞神弟子，洞神太一金剛畢券弟子。

（4）昇玄法位。此法位的道士名銜有：靈寶昇玄內教法師。

（5）洞玄法位。此法位的道士名銜有：靈寶弟子，洞玄弟子，太上靈寶無上洞玄弟子某岳先生。

（6）五符法位。此法位的道士名銜有：洞神三皇內景弟子，太上靈寶無上洞神弟子。

（7）河圖法位。此法位的道士名銜有：太玄河圖寶籙九官真人。

（8）洞真法位。此法位的道士名銜有：上清弟子，上清大洞弟子，上清大洞三景弟子某岳真人。

（9）畢道法位。此法位的道士稱上清玄都大洞三景弟子某真人。

法籙不僅是道士入道的憑信，是法位高低的標誌，在齋醮活動中，還要求法師有相當法位，才有資格主持醮壇。《天皇至道太清玉册》說：高功法師須備受三五都功籙、正一盟威籙、靈寶中盟五法籙、靈寶十部妙經及行靈寶大法，方可依科建醮。法師如僅受都功籙及昇玄、陽光、洞淵等籙，未受盟威籙，不許開建靈寶齋科。因不受盟威籙，齋醮時無法召遣三五正一官吏諸神靈，故不可行齋事。都講以下諸醮壇執事，亦須備受三五正一、靈寶、陽光等籙，才可參加齋醮法事。

2、授籙儀式

道士受法籙須擇當代高道明師，所以道士受籙並不拘於一地，多是遍訪名師，參受法籙。徐鍇《茅山道門威儀鄧先生碑》載茅山道士鄧紫陽，咸通元年（八六〇年，）少小投茅山太平觀柏道泉為弟子，六年後乃披度為道士。咸通十二年（八七一年），至龍虎山十九代天師參授都功正一法籙。乾符三年（八七六年），至茅山太平觀三洞法師何元通講授中盟上清法籙。當時龍虎山張天師的正一法籙和茅山上清法籙，都是最具影響、傳播最廣的法籙。唐代著名道士葉法善，僅在唐高宗朝，就授長安、洛陽文武中外男女子弟千餘人道籙。

北魏太平真君三年（四四二年），太武帝拓跋燾親至京城天師道場受法籙，開北魏諸帝受籙之先河。唐代諸帝更是延請高道名師，拜受法籙。開元九年（七二一年），唐玄宗遣使迎高道司馬承禎入京，親受法籙。天寶七年（七四八年），唐玄宗又慕茅山高道李含光之名，遣中使至茅山告李含光受經籙之期，遥禮師度，拜受上清經籙，並御製《明皇受籙碑》於茅山華陽宮。

唐代公主入道受籙，蔚為風氣。景雲元年（七一〇年），唐睿宗第八女西城公主、第九女昌隆公主入道，次年五月改西城公主為金仙公主、昌隆公主為玉真公主，並在長安修建金仙、玉真二觀，供二公主修道。

金仙、玉真公主景雲元年（七一〇年）十二月入道，次年正月十八日即在大内歸真觀請三洞大法師、太清觀主史崇玄授法籙。張萬福《傳授三洞經戒法籙略説》記載了二公主受籙：破靈寶自然券，受中盟八帙經四十七卷真文、二籙，佩符、策杖。因是公主受籙，故受籙法會之隆重遠非一般道士可比。

受籙法壇　建壇三級，高一丈二尺，金蓮花纂紫金題榜，青絲周繞壇内。東方青錦，南方丹錦，西方白錦，北方紫錦，中央黄錦為褥，又有龍須鳳翮等席鋪地。五方案各依方色製，以錦虬、金龍、玉璧鎮案。用青羅十八匹、緋羅六匹、白羅十四匹、皂羅十四匹、黄羅二十四匹安五方。壇中鎮放的信物有：紫羅二百四十匹，絹四百八十匹，錢二百四十貫，黄金二百兩，五色雲錦二十五匹，香一百二十斤，七寶周疋青絲五百兩，奏紙二萬四千番，筆墨各二百四十管挺，書刀十二口，護戒刀巾各三十八具，金龍六枚，金鈕五十四枚。

香爐　有盤龍香爐、舞鳳香爐、瑞葉香爐、祥花香爐、蓮花香爐、芝草香爐和香合香奩，皆純金純銀製造。還有對鶴雙鸞飛龍宛鳳錦帕敷案、金剛神王仙童神女煙雲山水草樹蟲魚聖獸禽瑰奇珍物繡韞覆經。

案　有雕玉之案，鎮金之案，紫檀之案，白檀之案，沉香之案，皆作翔鸞舞鶴金花玉葉裝飾雕鐫。

函　有七寶函，九仙函，黄金函，白玉函盛放道經。

囊　有青錦之囊，絳錦之囊，素錦之囊，紫錦之囊，黃錦之囊，雲錦之囊，五色繡囊以盛放法籙。

幡　有真人幡、玉童玉女幡、金剛神王幡、蓮花鏤幡、芝草鏤幡、盤龍鏤幡、舞鳳鏤幡、翔鸞鏤幡、飛鶴鏤幡，上繡山水鳥獸瑞草祥花等。

燈樹　有金蓮花樹、銀蓮花樹、七寶花樹、五色花樹，列壇上下及道觀院內。有五色花燭、金盤龍燭、銀翔鸞燭、千葉蓮燭、九色雲燭。有同心之燈、分華之燈、連珠之燈、貫花之燈、轉輪神燈、飛臺靈燈、紫焰蘭燈、青光芝燈、霄華百枝燈、月照千葉燈、五星燈、七曜燈、二十八宿燈、三十六天燈、韜光燈、滅烟燈、照耀内外，觀内光明洞徹。

金仙、玉真公主受籙法會舉行十四天，行道禮誦，具依科格。至先天元年（七一二年）十月二十八日，又受上請法籙，法會隆重莊嚴，更甚於前。張萬福詳記二公主受籙法會盛況，欲使『萬代之後，知道法之尊重』。

的確，今天要瞭解古代道士受籙法會，捨此再無更詳細的記載了。

北宋天聖二年（一〇二四年），宋仁宗詔東京教門領袖，高道大德李知損、周遂良、皇甫希及、薛清和等，至茅山崇禧觀，開建上清皇壇，預啟玉籙道場七晝夜，設醮三百六十分，別設謝恩道場三晝夜，為章獻明肅皇后傳授上清畢法籙，茅山道士朱自英撰《章獻明肅皇后受上清畢法籙記》記載此事。

南宋嘉定三年（一二一〇年），嘉定皇后又至茅山上清宗壇，受上清大洞畢法寶籙，亦啟建玉籙道場，羅天大醮。擔任臨壇度師的是上清經籙宗師薛汝積，臨壇保舉師是無上洞玄法師任元阜，《茅山誌》有《嘉定皇后受籙之記》記載此事。這就說明唐宋皇后公主受籙，要啟建玉籙道場傳授法籙。

唐宋一般道士的受籙儀式，顯然不會有皇后公主受籙之排場。杜光庭《太上正一閱籙儀》說：凡受正一法籙，常選擇甲子、庚申、本命、三元、五會、五臘、八節、晦朔等日，這些日期天氣告生，萬善惟新，天神盡下，地神盡出，水神悉到。受籙道士在這些日期，須清齋入靖，備辦酒果二十四分，或十六分，或十二分，或八分，務令嚴潔，先展鋪法籙於几案上，穿新淨衣服，齋戒沐浴，然後入户上香，如法受籙。

按正一受道威儀，受籙道士要分法位尊卑，如俗人不得與清信弟子同坐。清信弟子不得與清信道士同坐。受籙須有登三師、即傳度師、監度師、保舉師，三師登壇依法傳度授籙，受籙道士即步入道階，名録神真之境。

道士受籙後，即有職券牒文，上書道士所得法職及所録神界，這就是職牒。職牒實際上就是道士修道行法的憑證。

道士受籙，還須有請籙法詞。唐張萬福《醮三洞真文五法正一盟威籙立成儀》，收有唐代道士請受『太上玄天真武無上將軍籙』的請籙法詞一首，今録原文如下：

維某年歲次某月某朔十五日某辰，某鄉貫居住奉道信士某詞：
稱本命某年月日時建生，上屬北斗某星君主照，即日謹賫法信，叩頭恭詣龍虎山嗣漢天師門下，拜受太上玄天真武無上將軍籙一階，敬奉修行。伏以聖威不武，感而遂通，道化難諶，叩之必應。叩拜九清之帝命，下統三界之神兵。位鎮北方，功高九有，佐天輔國，宣化施仁，上協帝心，下符民願。某夙依真造，叨處人寰，輒稽金石之言，恭請神仙之籙，起居賫奉，晨夕薰修。伏望慈仁，許垂開度，一身五體，敢怠初盟，九族全門，終依寶蔭，某無任懇禱之至。謹詞。

這首請籙法詞，先述受籙時間，受籙人姓名籍貫出生年月日，至何師門下受籙，次述此籙法力和恭受法籙之誠心。毫無疑問，這是一首標準規範的請籙法詞。在明代道經《天皇至道太清玉册》正一諸品法籙中，太上玄天真武無上將軍秘籙在第七階，排在太上遷山破地九牛秘籙之後。

道士受籙，自漢天師張道陵創教以來，迄今已有一千七百多年歷史。自金元全真道興起，全真道士通行受戒。正一道士則繼續實行受籙。元大德八年（一三〇四年），龍虎山張天師統領三山（即龍虎山、茅山、閤皂山）符籙，正一道風大振，受籙弟子遍及天下，經籙授受方法更加完善。至清末以後，正一授籙傳度科儀隨時代變遷，已有所簡化。

自龍虎山張天師統領三山符籙後，一般均由歷代天師主持授籙科儀。臨壇籙生受籙後，即按正一道傳統的法派、輩份取法名。明清時期的龍虎山師傳法派又稱『三山滴血派』，這時的三山指龍虎山、茅山、武當山。該法派的傳授系譜是：

守道明仁德，全真復太和，至誠宣玉典，忠正演金科，沖漢通元蘊，高宏鼎大羅，武當與興振，福海啓洪波，穹窿揚妙法，寰宇證仙都。

受籙道士即按此系譜取法名，如傳法至第三十一代『武』字輩，此輩受籙道士的法名中間一字都是『武』，即法名為×武×。

龍虎山張天師法派授籙，按《天壇玉格》，授予籙生法名、神職，並頒發職牒、符籙、法印、天蓬尺、玉笈、拷鬼棒、令牌、令旗等法器憑證。

《天壇玉格》是明清正一道舉行授籙的科儀經典，有多種版本傳世。其中以五十三代天師張洪任撰序、光緒二十八年（一九〇二年）朱鶴卿録寫本内容較全面。按《天壇玉格》，籙生初受《太上三五都功經籙》，昇授《太上正一盟威經籙》，加授《上清三洞五雷經籙》、《三清三洞經籙》、《上清大洞經籙》，受籙道士方可稱法師，名録天曹，可以代天説法，舉行齋醮法事。

一九四六年後，正一道授籙中斷四十餘年。一九九一年十月三日至九日（農曆八月二十六日至九月初二），在龍虎山嗣漢天師府萬法宗壇舉行了一九四九年後首次授籙傳度科儀，為臺灣和海外正一派道士舉行授籙儀式。

這次授籙改變天師主壇之習慣，而沿用唐宋三師授籙傳度之古風，擔任傳度的三師是：傳度師汪少林道長，保舉師張金濤道長，監度師張繼禹道長。這次授籙法會歷時三天，舉行了啟師、答籙、講經、説戒、頒發職牒、法器等儀式，其間穿插了請水開壇、安龍奠土、申文發奏、宿啟進表等道場。

授籙傳度開始時，在悠揚典雅的道樂聲中，兩名道童執劍、捧印，引衆籙生禮請玄冠法服、執簡當胸的三師，引導三師登壇，為衆籙生授籙傳度。授籙儀式中，籙生要表示決心，終生尊奉『三皈九戒』。三皈即皈依道、經、師三寶。九戒是：一者克勤，忠於國家，是念真戒；二者敬讓，孝養父母，是初真戒；三者不殺，慈救衆生，是持真戒；四者不淫，正身處物，是守真戒；五者不盜，推義損己，是保真戒；六者不嗔，兇怒凌人，是修真戒；七者不詐，賊陷良善，是成真戒；八者不驕，傲忽至真，是得真戒；九者不二，奉道專一，是登真戒。

授籙儀式上，衆籙生還在掌儀道長帶領下發十二願：一願乾坤明素；二願氣象清圓；三願主躬康泰；四願融洽八埏；五願天垂甘露；六願地發祥煙；七願四時順序；八願萬物生全；九願家多孝悌；十願國富才賢；十一願籙生受福；十二願正教興行。

上述可見，受籙，不僅是道士修道之階梯，授籙儀式本身，又是道教齋醮科儀的組成部分。

3、玄科戒律

戒律是道士須遵行的一種宗教紀律，也是規範道士宗教道德修養的約束性教規。

戒，有勸戒、教戒之義；律，指條律、律令。戒主要規定哪些是惡，禁止道士去作；律主要規定犯戒後給予何種處罰，使人有所畏懼。戒律係藉神的名義以約束道士，是道士必須遵守的思想與行為準則，違反了即要受神的譴告。

道教十分看重戒律，認為學道不受戒律則無緣得上仙。早期道教已有戒律，時稱為『道誡』，《老子想爾註》就要求『行道不違誡』，勸人以道誡自律。《太平經》中有《致善除邪令人受道誡文》等勸人遵守道誡的説教。五斗米道規定：道士犯過失，要到靜室悔過或罰修路百步，這種處分就是律。

魏晉南北朝時，道教已有了正式的戒律條文和經典。上清派有三元品戒、觀身大戒；靈寶派有上品大戒、十戒；正一派有女青鬼律、玄教律文等。陸修靜就曾説過：受道之人，內執戒律，外持威儀，依科避禁，遵承教令。道士不受《老君百八十戒》，其身無德，則非道士。

古代凡俗之人，在發心入道，皈依道門後，就要恪守戒律，將之作為規範、約束自己言行的條規，指導自己生活、修煉的準則。道士所受道戒的高低，一定程度上反映出他的宗教修持和道德修養。唐宋以前道士的受戒，和道士的受籙階位有一定聯繫，即受戒的多少和籙位的高低有關。唐代張萬福撰《傳授三洞經戒法籙略說》，記載唐代道士所受戒目及受戒人身分，就多與受籙法位有關：

（1）三歸戒。即歸依道、經、師三寶，初起心入道者，即受三歸戒。

（2）五戒。《雲笈七籤》載『老君說五戒』是：煞戒、盜戒、淫戒、酒戒和妄語戒。《初真戒》載『老君五戒』是：

一者不得殺生；

二者不得葷酒；

三者不得口是心非；

四者不得偷盜；

五者不得邪淫。

張萬福説此五戒，是令除五慾，修五德，持五戒，出五濁。

（3）八戒。《雲笈七籤》有『受持八戒齋文』，所述八戒是：

一者不得殺生以自活；
二者不得淫慾以爲悦；
三者不得盜他物以自供給；
四者不得妄語以爲能；
五者不得醉酒以恣意；
六者不得雜臥高廣大牀；
七者不得普習香油以爲華飾
八者不得耽著歌舞以作娼妓。

張萬福説五戒和八戒，係籙生所受。籙生弟子在正一法位中排列第三，《正一法文》説得更明白：『凡為道民，便受護身符及三戒，進受五戒、八戒，然後受籙。』（《三洞珠囊》卷六《清戒品》引）

（4）無上十戒。《無上黃籙大齋立成儀》卷十六《科儀門》，題陸修靜撰，張萬福補正，所載無上十戒是：

第一戒者，心不惡妒，無生陰賊，檢口謹過，想念在法；

第二戒者，守仁不殺，愍濟群生，慈愛廣救，潤及一切；

第三戒者，守正遜義，不淫不盜，常行善念，損己濟物；

第四戒者，不色不慾，心無放蕩，正潔守謹，行無玷污；

第五戒者，口無惡言，言不華綺，內外中直，不犯口過；

第六戒者，斷酒節行，調和氣性，神不損傷，無犯衆惡；

第七戒者，不得嫉人勝己，爭競功名，每事推遜，退身度人；

第八戒者，不得評論經教，訾毁聖文，躬心承法，常如對神；

第九戒者，不得鬥亂口舌，評詳四輩，天人咎恨，傷損神炁。

第十戒者，舉動施爲，平等一心，人和神穆，行常使然。

張萬福說無上十戒是在俗男女所受，以斷十惡，行十善。

（5）初真戒。即《雲笈七籤》所載初真十戒：

第一戒者，不得陰賊潛謀，害物利己，當行陰德，廣濟羣生；

第二戒者，不得殺害含生，以充滋味，當行慈惠，以及昆蟲；

第三戒者，不得淫邪敗真，穢慢靈氣，當守貞操，使無缺犯；

第四戒者，不得敗人成功，離人骨肉，當以道助物，令九族雍和；

第五戒者，不得讒毀賢良，露才揚己，當稱人之美善，不自伐其功能；

第六戒者，不得飲酒過差，食肉違禁，當調和氣性，專務清虛；

第七戒者，不得貪求無厭，積財不散，當行節儉，惠恤貧窮；

第八戒者，不得交遊非賢，居處穢雜，當慕勝己，棲集清虛；

第九戒者，不得不忠不孝，不仁不信，當盡節君親，推誠萬物；

第十戒者，不得輕忽言笑，舉動非真，當持重寡詞，以道德爲務。

張萬福說初真戒，係新出家道士所受。

（6）七十二戒。張萬福說此七十二戒是正一弟子所受。而道士只有授正一盟威籙後，才稱正一盟威弟子，簡稱正一弟子，在正一法位中排列第四。

（7）百八十戒重律。張萬福說此是男官、女官、正一道士所受。

（8）天尊十戒十四持身品。清信弟子受此戒。得師授三戒、五戒後的女道士稱清信弟子。

（9）太清陰陽戒。此五千文籙弟子受。

（10）想爾二十七戒。太上高玄弟子受此戒。又稱道德經想爾戒或道德尊經戒，分上、中、下九戒，共二十七條。太上高玄弟子在道家法位中居第二階。

（11）洞神三洞要言五戒十三戒七百二十戒門。三皇弟子受此戒門，三皇弟子在五符法位中居第一階。

（12）百二十九戒。昇玄內教弟子受此戒，昇玄內教弟子居昇玄法位，受昇玄籙。

（13）閉塞六情戒。靈寶初盟受此戒。

（14）智慧上品大戒。靈寶中盟受此戒。

（15）三元百八十戒。靈寶大盟受此戒。

（16）智慧觀身三百大戒。上清道士受此戒。

張萬福所列十六種戒目，每種戒都有特定的授受對象，且多根據道士法位授戒，而道士法位是由受籙階品決定的。

上述十六種戒，並未囊括道教全部戒律，在《道藏》中，有關戒律的道經有數十百種，戒條最多者達一千二百條。其中有些戒目，又有數種不同戒條。以十戒為例，就有初真十戒、無上十戒、思微定志經十戒、玉清經中品十戒、修齋求道當奉十戒、碧玉真宮大戒規十戒、孚佑帝君十戒、太上洞真智慧上品大戒十戒等。道教戒條如此豐富，是因為正一、上清、靈寶諸道派都制訂了許多戒律，故有不同戒條並行於世。

道士持受戒律，又可按品分類。《玉清經·本起品》說戒有多種，人亦多品。上品人不會犯過失，可以不持戒。中品人有好的方面，也有壞的習性，還易受客觀環境薰染影響，所以要守十戒、五戒以自我約束。下品人又可分為二品，上品的願意受戒，可以受一百九十九戒，或受觀身三百大戒，或受千二百威儀之戒，以自我防護；下品的則身同禽獸，無可救藥，即使受戒也沒有益處。這種三品戒的分類，反映了早期道教的戒律思想。

這就正好解釋了這種現象：為什麼歷史上有帝王皇后妃主受籙，而無帝王皇后妃主受戒，原來上品之人是不持戒的。

4、傳戒儀式

唐宋道士受戒要舉行傳度受戒科儀。北宋道士賈善翔編集的《太上出家傳度儀》，就是道士出家受戒的儀式範本。儀式由度師、保舉師主持，其基本程式如下：

度師引受戒弟子在衆真神位前行禮，三拜上香，度師祝香禱神。度師在三師

（經師、籍師、度師）神位前設案，弟子禮度師，三拜，向北方長跪，聽說出家因緣。引弟子在壇庭下北向禮帝王。然後謝先祖，辭父母，辭親知朋友。弟子至三師神位前立，知磬做請三師法事。行三皈依禮。弟子長跪，念請受戒文，度師讀白文，請保舉師爲弟子脱俗衣以圓道相。度師説十戒，每説完一戒，度師必問：『能持否？』弟子答：『能！』度師説十戒是：

第一戒者，心不惡妒，無生陰賊，檢口慎過，想念在法。

第二戒者，守仁不殺，憫濟群生，慈愛廣救，潤及一切。

第三戒者，守正讓義，不欺不盜，常行善念，損己濟物。

第四戒者，不貪不慾，心無放蕩，清潔守慎，行無點污。

第五戒者，口無惡言，言不華綺，内外中直，不犯口過。

第六戒者，不得嗔怒，調和氣性，神無所傷，不犯衆惡。

第七戒者，不嫉人勝己，争競功名，每事遜讓，退身度人。

第八戒者，不得評論經教，訾毁聖文，躬心奉法，常如對神。

第九戒者，不得争競是非，評論四輩，天人咎恨，損傷神氣。

第十戒者，舉動施爲，每合天心，常行大慈，普度厄難。

接着，度師教戒弟子遵行道法，努力修持。新戒弟子禮謝經、籍、度三師。新戒弟子發十二願。最後，新戒弟子禮大道功德，禮度師、保舉師及諸壇場執事。

同道士受籙儀式一樣，道士受戒儀式也是齋醮法事之一。在敦煌文書中，有一份唐代道士受十戒經的盟文，這是瞭解道士受戒的絶好材料，故全文轉録，供有識之士品味，供讀者參考。

伯三四一七號《唐景雲二年道士王景仙從雍州長安縣懷陰鄉東明觀三洞法師中嶽先生張泰受十戒十四持身品牒（十戒經盟文）》：

大唐景雲二年，太歲辛亥八月生，三月景午朔廿四日己巳，雍州櫟陽縣龍泉鄉涼臺里界，□清信弟子王景仙，年廿七。景仙肉人無識，受納有形，形染六情，六情一染，動之弊穢。惑於所見，昧於所聞，世務因緣，以次而發。招引罪垢，歷世彌積。輪迴於三界，漂浪而忘返；流轉於正道，長淪而弗悟。伏聞天尊大聖，演説十戒十四持身之品，依法修行，行者可以超陞三界，位極上清。景仙雖昧，願求奉受，謹賫信如法，詣雍州長安縣懷陰鄉東明觀三洞法師、中嶽先生張泰，受十戒十四持身之品，修行供養，永爲身寶。徭明負約，長幽地獄，不敢蒙原。

這份受戒盟文說女道士王景仙為六情所染，聽說受十戒十四持身之品可以超陞三界，故至三洞法師張泰門下受戒。此盟文就是戒牒，是受戒的憑證。唐代張萬福就說：凡初入法門道士，都必須持戒，戒是防非止惡、進善登仙的關鍵。『夫六情染著，五慾沈迷，內濁亂心，外昏穢境，馳逐名利，耽滯色聲，動入惡源，永乖賢域，自非持戒，莫之能返。』（《傳授三洞經戒法籙略說》）

道教認為被六情薰染的人，追逐世俗名利，沉溺聲色享受，已深陷入罪惡之中，和聖賢境界大相徑庭，如不持戒，是無法挽救的了。

金元全真道興起後，全真龍門派祖師丘處機見傳統戒律戒目繁多，不便道士遵行，遂統一制訂了初真、中極、天仙三壇大戒，作為全真道授受戒律的範本。但丘處機將此全真戒律單傳秘授，故傳播不廣，各地全真道士多不知有此三壇大戒。

清初，全真龍門七祖王常月一改舊制，公開傳授三壇大戒。王常月順治十三年（一六五六年）在北京白雲觀登壇說戒，度弟子千餘人。王常月又率門徒在南京、杭州、湖州、武當山等地立壇授戒，全真授戒自此廣行天下。

全真道的三壇大戒是：

（1）初真戒。內容有三皈依戒，積功歸根五戒，初真十戒，女真九戒。其中三戒、五戒、十戒戒條與唐宋時大致相同，王常月《初真戒律》對各戒條又加以解釋。女真九戒是全真道為女道士制訂的戒條：

一曰孝敬柔和，慎言不妒。
二曰貞潔持身，離諸穢行。
三曰惜諸物命，慈愍不殺。
四曰禮誦勤慎，斷絶葷酒。
五曰衣具質素，不事華飾。
六曰調適性情，不生煩惱。
七曰不得數赴齋會。
八曰不得虐使奴僕。
九曰不得竊取人物。

王常月說：道姑信女能行持不退，有大利益，不經地獄之苦，必生十善之家，再能精進修持，圓成戒果，則名登紫府，位列仙班。

（2）中極戒。內容是中極三百大戒，共三百戒條。如第七十一戒至七十四戒是：不得預世間婚姻事；不得破世間婚姻事；不得觀看妓樂；不得持人長短，更相嫌恨。第二百一戒至二百四戒是：當忍人所不能忍；當斷人所不能斷；當學人所不能學；當容人所不能容。

王常月說：道士受初真十戒後，持守言行，毫無過犯，方許再受中極三百大戒，轉授之後，誓願遵戒奉行，不敢始勤終怠，背道違師。

（3）天仙大戒。共有二百七十戒條，即二十七個十種不可稱量。這二十七個十種不可稱量，據說是天仙初祖孚佑帝君所傳。如第一個『十種遠身行法不可稱量』是：

一者智慧遠身行法不可稱量；
二者慈悲遠身行法不可稱量；
三者含忍遠身行法不可稱量；
四者行功遠身行法不可稱量；
五者修心遠身行法不可稱量；
六者善業遠身行法不可稱量；
七者精進遠身行法不可稱量；
八者飾身遠身行法不可稱量；
九者遺情遠身行法不可稱量；
十者普心遠身行法不可稱量；

以下二十六個十種不可稱量，每一個十種都按智慧、慈悲、含忍、行功、修心、善業、精進、飾身、遣情、普心排列。第二至二十七個不可稱量是：

離口過法，除惡想法，拔迷根法，絕聲色法，儉受慾法，放玩習法，洗垢穢法，無昏惑法，不淫想法，不疑空法，平好習法，不邪還法，常住無法，絕心想法，習悉意法，善防言法，不亂轉法，不悟念法，不彼念法，不悠想法，無常定法，無常的法，無常顧法，不追懷法，無猶豫法，忍不可忍法。

天仙大戒的二十七個十種不可稱量，共有二七〇條戒律。稱二百七十法，持中極戒滿三年才可受天仙大戒。

道士受三壇大戒後，分別取得不同法位，受初真戒者稱妙行師，受中極戒者稱妙德師，受天仙戒者稱妙道師。與唐宋時期名目繁多的戒目比較，全真道的三壇大戒，簡而明，備而賅，數百年來，一直為律壇楷模，道士修道持身之規範，積功累行之徑路。

道教認為：明有王法，幽有道法，道律治己，王律治人。道教戒律，就是防止違反道法的警戒條文，對違反戒律的道士，則有清規予以懲罰。清規由各道觀自己訂立，輕者被罰跪、杖責、逐出教門，重則被處死。《全真清規》有『教主重陽帝君責罰榜』，就是著名的十條清規：

（1）犯國法遣出。
（2）偷盜財物遺送尊長者，燒毀衣鉢罰出。
（3）說是談非，擾堂鬧衆者，竹篦罰出。
（4）酒色、財氣、食葷，但犯一者，罰出。
（5）奸猾慵狡，嫉妒欺瞞者，罰出。
（6）猖狂驕傲，動不隨衆者，罰齋。
（7）高言大語，作事躁暴者，罰香。
（8）說怪事戲言，無故出庵門者，罰油。
（9）幹事不傳，奸猾慵懶者，罰茶。
（10）犯事輕者，並行罰拜。

元代丘處機住持長春觀（今白雲觀），曾制訂《執事榜》，即該觀清規。清咸豐六年（一八五六年），北京白雲觀《清觀榜》，列有清規二十三條：

（1）開靜貪睡不起者，跪香。
（2）早晚功課不隨班者，跪香。

（3）早午二齋不隨衆過堂者，跪香。
（4）朔望雲集祝禱天尊不到者，跪香。
（5）止靜後不息燈安單者，跪香。
（6）三五成羣，交頭結黨者，遷單。
（7）失誤自己執事，錯亂鉗捶者，跪香。
（8）奸猾慵懶，出坡不隨衆者，跪香。
（9）上殿誦經禮斗不恭敬者，跪香。
（10）本堂喧嘩驚衆，兩相爭者，跪香。
（11）出門不告假，或私造飲食者，跪香。
（12）毀壞常住物件，照數包補者，仍跪香。
（13）越職管事，倚上倚下，橫行兇惡者，跪香。
（14）厨房抛撒五穀，作踐物料飲食者，跪香。
（15）公報私仇，假傳命令，重責遷單。
（16）毀謗大衆，怨罵鬥毆，杖責逐出。
（17）無故生端，自造非言，挑弄是非，使衆不睦者，逐出。
（18）違令公務，霸佔執事者，逐出。

(19)茹葷飲酒，不顧道體者，逐出。
(20)賭博引誘少年者，逐出。
(21)偷盜常住物件及他人財物者，逐出。
(22)犯清規不受罰者，杖責革出，永不復入。
(23)違犯國法，奸盜邪淫，壞教敗宗，頂清規，火化示衆。

跪香即罰跪燃完一柱香的時間，遷單即降職，逐出即下催單，逐出叢林。

全真龍門祖庭北京白雲觀，是清初王常月律師公開傳戒之法壇。當時正值全真龍門派中興之時，白雲觀每年授戒二千人，傳戒日期長達一百天。稱『百日圓滿三壇大戒』。自嘉慶(一七九六——一八二〇年)以後，逐漸削減，到民國初年，每年授戒五百人，傳戒日期減至五十三天。

民國白雲觀授戒分春秋二期。春戒農曆二月十五日至四月初八日，秋戒農曆十月十五日至十二月初八日，戒期五十三天。開戒前半個月，各地新戒(即求戒者)趕赴白雲觀報到註册。齋戒沐浴，靜候戒期。

民國時期白雲觀戒壇分三期。第一壇在大殿，向新戒宣示傳戒要目。第二壇是密壇，在夜間人靜時傳授，不讓外人觀看，新戒過此壇即是受戒道士，獲得戒衣、戒牒、錫鉢、規等法器。第三壇宣示全真大戒。

按全真儀範，傳戒由十方叢林方丈主持。方丈開壇演戒，解說戒律，傳授戒法，故稱為律師。律師必須由受過三壇大戒，持戒精嚴，德高望重的方丈擔任。輔助律師傳戒的有八大師：

(1)證盟大師。給戒子講經解惑，回答戒子提出的問題。
(2)監戒大師。監督律壇威儀，不許犯戒違律。
(3)保舉大師。負責保袇、保戒、保香，由開戒叢林監院擔任。
(4)演禮大師。教戒子登規行禮及戒壇一切禮儀。
(5)糾儀大師。糾正戒子儀規。
(6)提科大師。負責經堂誦經禮懺及經堂事務。
(7)登籙大師。填寫登真籙，為戒子起道號。
(8)引請大師。也稱迎請大師，主持大型道場，任高功。

一九一二年，白雲觀二十一代方丈陳毓坤開壇傳戒，戒子三百餘人。一九一九年。陳毓坤方丈二次傳戒，定期百日，戒子四百一十二人。此後因戰亂諸原因，白雲觀傳戒中斷。

一九八九年十一月十二日至十二月二日，即農曆十月十五日至十一月五日，道教全真派在北京白雲觀舉行一九四九年後首次開壇傳戒，受戒弟子共七十五人。這次傳戒律師是受過天仙大戒的北京白雲觀二十二代方丈王理仙。協助演禮的八大師是：證盟大師許至有，監戒大師江誠霖，保舉大師黃宗陽，演禮大師張信益，糾儀大師李宗智，提科大師閻宗隆，登籙大師曹理義，引請大師陳宗耀。

這一年是農曆己巳年，故傳戒法壇稱『己巳壇』，戒壇設在白雲觀老律堂。傳戒期間，除『戊日』外，戒子們每天要按時念誦《早壇功課經》、《三官經》、《晚壇功課經》。這次傳戒，先後舉行了迎師禮、演禮、開壇啟師科、祝將科、考偈、朝斗、念皇經、審戒、過齋堂、三請律師科、傳戒說法、傳授衣鉢科、發戒牒、大回向等儀式。

律師傳戒說是最重要的儀式。衆戒子在經師帶領下迎請律師和八大師入壇，律師上座，八大師左右而座，戒子捧簡長跪。王理仙律師宣講初真戒，每講完一條，便問壇下諸戒子：『此戒爾等可能持否？』衆戒子齊答：『依戒奉行！』初真戒傳畢，衆戒子跪拜律師，送律師和八大師回迎請堂休息。然後再分別傳授中極戒和天仙大戒。傳天仙戒時，王理仙律師每講一戒律，問衆戒子：『此無量心能持否？』衆戒子齊答：『盡形壽命，常持此心，依教奉行！』最後，王理仙律師勉勵諸戒子『至心恒持諸戒』，皈依道、經、師三寶，衆戒子高聲回答：『皈依道！皈依經！皈依師！』三壇大戒至此傳授完畢。

三堂大戒之後，是傳授方鉢科儀式。由考偈儀式中獲『天』字號和『地』字號桂冠的兩戒子代表諸戒子將鉢和戒衣交給律師，律師持鉢、戒衣念咒，並在檀香爐上薰蒸，然後傳授給天地兩號戒子，二戒子着戒衣，行十方對規禮，衆戒子在步虛聲中拜謝十方諸神。至此，衆道士已成為正式受戒弟子。

此後是在雲集園戒臺舉行發戒牒儀式。衆戒子展規參拜律師和大師，天地二號戒子在戒臺上代表衆戒子行十方對規禮。律師按千字文名次頒發戒牒，衆戒子依次上戒臺捧受戒牒。戒牒是道士受戒的憑證，戒牒的內容有：受戒目的、戒子法名、道號、俗名、出生年月日、籍貫、受戒時間、地點、受戒編號，並有『玄都律壇』大印和傳戒律師及八大師印信，己巳壇戒牒還附有初真戒戒條。

己巳壇傳戒表明當代道教仍繼承道教法統，堅持道士應該持戒，並對持戒有新的闡釋：戒就是禁止的意思，它幫助斷絕惡習，舍妄皈真，扶助人的正行善念，使正氣得以發揚，邪念不至妄生。戒如同載人之舟楫。出家修道者，志在超生死。但是道有真傳，法有秘授，法應該傳給好人。因此，就需要『戒』，幫助修道者達到性善的境界，修道不受戒，就得不到法的真傳，法得不到傳授就好似盲人夜行，終不能得到道的要訣，因此道士出家要持戒。受戒是出家道士嚴肅修持的開始。戒條是太上之玄意，戒子受戒後要作為自己的行為準則，自覺去遵守。道士持戒後，應更好地愛國愛教。

三、醮壇儀範

（一）醮壇規制

1、壇儀法式

中國古代社會的祭祀儀式，都要設立祭壇。《禮·祭法》說：「燔柴於泰壇，祭天也。」這種祭壇，就是在平坦的地上，用土築起的高臺。西周豐邑有座著名的「三壇」，就是周文王祭天的地方。

道教齋醮法壇，即源於先秦時期的祭壇。

北魏明元帝時，迎請著名道士寇謙之至京，顯揚新法，起天師道場於平城東南，建重壇五層，由寇謙之率一百二十名道士齋肅祈請，六時禮拜。

唐武宗時，召道士趙歸真等八十一人入皇宮三殿，建九天玄壇，為國修金籙道場，唐武宗即在九天玄壇親受法籙。唐武宗好神仙異術，又於宮中建望仙臺，修降真臺，臺高百尺，瑶楹金栱，銀檻玉砌，晶瑩炫耀，豪華無比，唐武宗即在此齋醮朝禮。

建壇設醮當然不止明元帝、武宗二人，歷代帝王在宮中設壇建醮，可謂史不絕書。這是宮中之壇，為皇室所用。還有露天之壇，當係民間建醮，臨時設置。《隋書·經籍誌》記道教齋醮之法說：

> 其潔齋之法，有黃籙、玉籙、金籙、塗炭等齋。爲壇三成，每成皆置綿蕝，以爲限域。旁各開門，皆有法象。齋者亦有人數之限，以次入於綿蕝之中。魚貫而縛，陳說愆咎，告白神祇，晝夜不息，或一二七日而止。

這種綿蕝圍成的齋壇，顯然是臨時搭置的了。

道教最具影響，傳續最久的壇場是三大道派的宗壇：正一派設於龍虎山的正一宗壇，上清派設於茅山的上清宗壇，靈寶派設於閣皂山的元始宗壇。正一宗壇傳授正一法籙，法印是陽平治都功玉印；上清宗壇傳授上清經籙，法印是九老仙都君印；元始宗壇傳授靈寶經籙，法印是元始宗壇印。三處壇場都有千年歷史，至元成宗命龍虎山張天師統領三山符籙，龍虎山成為正一道士受籙的萬法宗壇。

全真道最具影響的是北京白雲觀的混元宗壇，迄今已有七百多年歷史。

道教認為，禮天地，通真靈，當建壇以申至敬。故齋醮先須築壇，築壇儀軌稱為壇儀。壇場選擇：須擇淨地建壇，戰場、刑場、屠宰之地不可設壇。壇臺可用磚、石砌壘，也可築土壘成，還可用竹木搭成。

壇一般分內壇、中壇、外壇，不同類型的齋醮，築有不同規模的醮壇。以下介紹幾種壇式，以見壇儀之一般。

靈寶壇　建壇三級，下層正方形，直徑九尺，高一尺二寸。中層八角形，直徑七尺，高一尺二寸。上層圓形，直徑五尺，高九寸。這種壇的壇式有：星宿錯度日月失昏，四時失度陰陽不調，國主有災兵革四興，疫毒流行兆民死傷。每種壇式供奉的神靈不一樣，如疫毒流行兆民死傷壇式，是因瘟疫疾病流行，致使人民死於非命而建的禳災之醮壇，它祭祀的神靈是：

上層：昊天上帝、十方靈寶天尊、長生保命天尊、妙行真人、三官、四聖真君。

中層：三元將軍、收瘟斬瘟大將軍、三洞經法中度厄吏兵天醫大神。

下層：五方天兵騎吏、九州社令、太歲尊神、十二月將、十二時直地。

玄樞壇　又稱三辰壇。擇潔淨密室或曠野清淨處建。上層寬二尺，設北極大帝、天皇大帝神位。中層寬三尺，列北斗、九皇、南斗、三臺、日月，依象燃燈。下層寬六尺，列三元將軍、十二支神、當年太歲、擎羊、陀羅二使者，四直功曹和土地等神。壇前列洞案，上書二斗。此壇用於禳解災厄，肅清人道，戢息鬼怪。

皇壇　皇壇用於度生，凡修詞請命，禮聖朝真，禳災謝過，為國為民，祈禱請福，薦拔宗祖，煉度幽靈，祈天建醮。

上級：立虛皇玉京山天寶華臺，供三寶帝師。左列建天真命魔之幢，右列建獅子辟邪之節。左設通真之符，以降千真；右設達靈之符，以召萬靈；中設三晨之符，以通萬氣，辟除妖氛。壇之東南西北，分植青龍、白虎、朱雀、玄武之幡符。五方敷設鎮安玉符。

中級設八門：

西北玉虛通真之門　正北清冷玄一之門

東北鎮静自然之門　正東青華始生之門

東南純和剛陽之門　正南純陽烜赫之門

西南坤順金和之門　正西剛明皓華之門

下級列十二氣：

子位玄天鬱初之氣　丑位北元自然之氣
寅位辟非蕩邪之氣　卯位始青茂元之氣
辰位黄靈高玄之氣　巳位鎮静靈寧之氣
午位炎真不明之氣　未位中一凝真之氣
申位厚和肅明之氣　酉位剛堅素和之氣
戌位真元養靈之氣　亥位返陰回真之氣

靈寶黄籙齋壇　黄籙大齋用於開度七祖，救拔三塗，即用於超度祖宗亡靈。要在洞天福地、靖廬名山、玄壇宫觀建壇。壇分三層，壇心設三寶位，上施帳座寶蓋，並供奉鎮壇神經，即靈寶經中的科儀經典。

内壇：設十門，十門之外各依方位掛三十二天幡三十二首，設十方香案，鋪設燈纂，夜晚燃燈。内壇十門是：

東方　青華元陽門　南方　洞陽太光門

西方　通陰金闕門　　北方　陰生廣靈門
東北　靈通禁上門　　東南　始陽生炁門
西南　元黃高晨門　　西北　九仙梵行門
上方　大羅飛梵門　　下方　九靈皇真門（見圖一）

中壇：四門，用長短篡共二十八枚，除開四門外，餘全用絳繩或青繩結成圍欄，懸掛小幡及吊枝花等。登齋行道，從地户出入，餘三門不可往來。四門是：天門、地户、日門、月門。

外壇：列八榜於八方，僅在離宮開一門出入，餘全用長短篡二十五枚結成圍欄，亦懸掛小幡及吊枝花等。每壇一面有執法威儀者三人，遇步虛旋繞，依次而行。

壇前左右分立六幕，帳幕中設聖像几案，供養如法。六幕是：

壇東一　玄師幕　　壇西一　五帝幕
壇東二　天師幕　　壇西二　三師幕
壇東三　三官幕　　壇西三　臨齋法師幕

壇外四圍依法燃燈共一百五十九，每燈下立一牌書寫燈名，計有：

道户燈二　本命燈三　行年燈七　太歲燈一　大墓燈三　小墓燈五　七祖燈七　九幽燈九　夾門燈二　二十四炁燈二十四　九宮燈九　十方燈十　二十八宿燈二十八　三十六天燈三十六五嶽燈五。（見圖二）

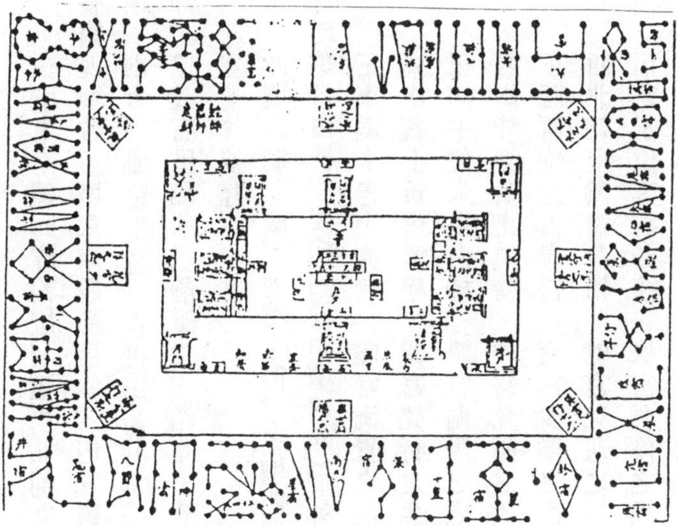

圖一　靈寶黃籙齋壇

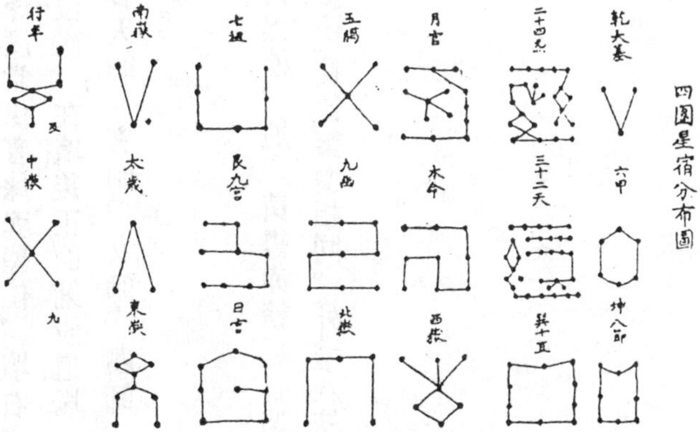

圖二　壇外燈分解圖（四圍星宿分佈圖）

在壇東南鋪回耀輪燈，壇東北鋪九嶽燈。壇左立煉度堂供養煉魂聖位，壇右立神虎堂供養攝魂聖位。壇東南設受度堂，内立齋主家九祖亡人位次。在壇後正面鋪設道場，列上帝御座，兩旁列醮筵聖位。在道場前左設正一師位，供養天師、玄師、女師、嗣師、系師。此外，還設有監臨所、靜默堂、靖室、普度堂、誦經堂等。

靈寶煉度壇

此壇形制三級，内壇十門，中壇四門（書天門青書黑榜、地户黃書赤榜、日門黃書青榜、月門黃書白榜，四榜列於中壇四隅），外壇八榜，都與靈寶黃籙齋壇相同。外壇八榜是：

正東震上青書赤榜　震宮洞青之炁
東南巽上黃書黑榜　巽宮梵行之炁
正南午位朱書白榜　離宮洞陽之炁
西南坤上黃書黑榜　坤宮梵陽之炁
正西酉位白書青榜　兌宮少陰之炁
西北乾上黑書黃榜　乾宮梵通之炁
正北子位黑書赤榜　坎宮洞陰之炁
東北艮上黃書黑榜　艮宮梵元之炁

此八榜列於外壇八方

三級之外立花柱四根，用青繩五百尺圍成護欄，名叫護淨、隔凡。壇下級開天門、地户、日門、月門，下級上面安十方香案，三級都鋪設薦褥。壇西設五師位，五師是開度宗師；壇西設三官帳，三官主三元考校之籍。各作帳幄，設神像几案供養。壇東南設九祖位，以遷拔九幽，洗滌玄祖。壇西南設土地位，建齋壇土地為首，故設其位關召敷奏，傳感上天。（見圖三）

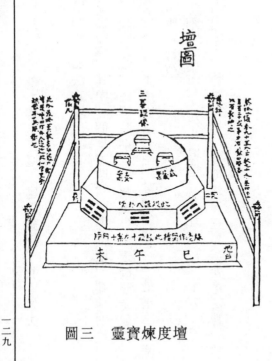

圖三　靈寶煉度壇

唐代張萬福遊歷江漢，見『所在宮觀，皆築土構木作壇，建立纂榜，並皆如法。』（《道門定制》卷八引）

這就說明：道教宮觀都要按壇儀規制，如法建壇。

舉行大型齋醮活動，一般需築若干個壇，其中一個是主壇，叫做都壇，其他的壇，叫做分壇。據中國道教學院副院長閔智亭大師回憶，民國時期，杭州玉皇山道觀建金籙齋，共設有四個壇：一是都壇，即上表奏章的總壇；一是度人壇，誦《度人經》；一是皇壇，誦《高上玉皇本行集經》；一是諸神壇，供奉幾百神位。

總之，道教的壇儀法式，是法天象地而立壇，列斗環星，八卦九宮，十方三界，玉京金闕，匯集壇中。道士登臨壇臺，步罡踏斗，焚香禋祀，即可尊崇三界，朝禮萬神，演示各種科儀法事。

2、醮壇法器儀仗

道士作齋醮法事時所用的各種法器儀仗主要有：

（1）供器。陳列在醮壇香案上，有香爐、蠟臺花瓶、香筒、果盤、淨盂等。如淨盂，是盛聖水的容器，又稱水盂，俗稱水碗。高約四公分，直徑約六公分，一般用黃銅製成，淨盂稍窄，壺形短胖。醮壇上，道士左手端淨盂，右手持小柳板、帶葉小枝或帶枝的花，浸醮聖水，遍灑醮壇。齋醮儀式特別重清淨，淨盂是道士清潔壇場的供器。

供養：如香、花、燈、水、果五種供養。道教認為供養物當用五行，以表示天地造化，相生相剋之理，以合神明之德。即：

金　用銅鐵造成錠，貼金箔代替。

木　即香，用香刻成假山供奉

水　即淨水，用淨盂盛之。

火　即燈，是醮壇必不可少之物。

土　用黃土取方一塊，八方刻八卦供之。

醮壇祭祀必焚香，道教稱香有太真天香八種：道香、德香、無為香、自然香、清淨香、妙洞真香、靈寶慧香、超三界香。道教對供香有講究，醮壇焚百和香、降真香等，不得燒檀香、安息香、乳香。醮壇以降真香品位最高，認為是祀天帝之靈香，可以達天帝之靈所。

祭祀焚香，由來已久。早在西周時期，即有焚香蒿、黍稷，以辟室內穢氣之俗，後以香蒿、蓬艾之氣能上達神明，故用於宗廟祭祀。漢代已通行香爐焚香祭祀，長安工匠製成著名的『九層博山香爐』，爐體鏤雕奇禽珍獸，各層都能自然運動。漢武帝祠太一，又用香燈祭祀；古代焚香祭祀之俗，遂為道教繼承。《天皇至太清玉册》說：凡遇有急禱之事，焚香可以通神明之德。如出行在路，遇惡人打劫，或在江湖遭風浪之險，危急之中，將香放口中嚼碎向上噴吐，即可免災厄。

供花　古代曾用桐木刻成靈芝，以表示仙瑞。又有製一株牡丹，花有五色，高九尺，用金鏤裝飾。這出於道教仙話：韓湘子戲牡丹，頃刻之間，牡丹花成五色，實乃仙瑞之應。

果　用各種時新瓜果。道教齋供講究新鮮潔浄。金允中《上清靈寶大法》談齋供之法說：時新果實，切宜精潔。建齋要逐日更換供果，不用石榴、甘蔗及有穢泥之物，用剛摘下的帶枝葉的淨果為最佳。供物不得用非義之財，否則對神不誠，不能感格神明。

（2）法器：有鐺、釵、木魚、鈴、鼓、帝鐘、龍角等。下面擇要介紹幾種。

帝鐘　相傳黃帝會神靈於崑崙之峰，天帝授以帝鐘。道教謂『手把帝鐘擲火，萬里流鈴八沖』。帝鐘有降神和驅魔雙重作用。行法時，道士手握帝鐘搖動，發出叮呤叮呤搖鐘的聲音，故亦稱三清鈴、法鈴。帝鐘高約二十三公分，口徑大小約九公分，黃銅製，有柄，柄端稱為劍，呈山字形，並列的三根突出物象徵三清。

龍角　又稱靈角、號角。長約三〇公分，口徑大約一〇公分。分牛角和錫角兩種，角身刻有北斗七星和南斗六星，或刻日、月二字。龍角塗染成朱紅芭，僅吹口塗成紅色。龍角在古代戰爭中作號角使用，作為醮壇法器，具有降神驅邪雙重作用。

木魚　又稱木鼓。醮壇誦經敲打之用。其形圓如魚，故號木魚。木魚分大小兩種，大木魚置於桌左側，與鐘磬相對，小木魚可握在手中敲打。

大鼓　鼓聲被認為具有通神和辟邪雙重作用，醮壇多用扁平手鼓、扁鼓等法器。

（3）幢幡：幢有寶蓋，並有執杆，醮壇有執事手持寶幢。幡則無蓋，多為懸掛之用（見圖四）

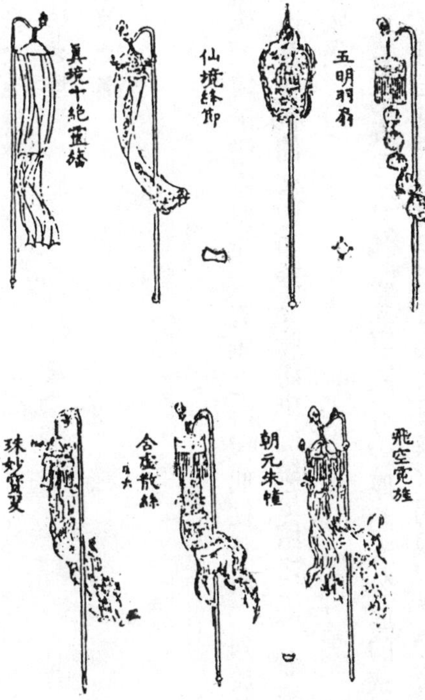

圖四　醮壇仙杖

明代道教祭禮儀典使用的仙杖有：

肅清黃道之旆　昭告萬靈之幡

震攝百魔之帳　九皇萬齡之縷
三清神霓之旌　太微命靈之麾
太清極玄之幢　五靈絳霄之節
九天伏魔如意　九霄雲翰之扇
鬱羅慶雲之扇　神飈飛霞之蓋
破暗燭明之燈　丹霄神焰之燈
天衢鬱霄之燈　丹鳳呈祥之輦
神龍捧聖之輅

以上仙杖各備一對，用硃竿寶蓋珠網綿帛繒彩製作，齋醮之時，仙杖整肅，列於外壇四面，醮壇法師每朝奏步虛行之際，則道童各執仙杖，和華夏吟隨班旋繞皇壇之上。非登壇朝奏不用，就架放在壇四面，以壯醮壇威儀。

（4）圭簡：也叫朝簡，笏，是長約五〇公分，寬約五公分，厚約五公厘的狹長薄木片，稍彎，上端略窄，用漆塗飾。也有用玉或象牙製成。古代大臣進宮朝覲，要持笏謁見帝王。道教齋醮時使用圭簡，法師手執以侍神靈，其姿式是兩手相合，恭執圭簡於胸前，以謁見三清、玉皇上帝等神靈。

（5）法尺：源於古代用桃枝祓除不祥，相傳后羿死於桃棒，故後世用桃枝逐鬼，相沿成俗，為道教齋醮法事使用，並演進為法尺。法尺長約三十公分，寬約二公分，厚約一公分，有木尺和鐵尺兩種。木尺繪有葫蘆等吉祥圖案，多漆成紅色。還有一種天蓬尺，是發揮天蓬神的辟邪力量的法器，長約三十五公分，粗約三公分，形狀為四棱棒，沒有刻度，六面刻滿日月、二十八星宿的名稱，三星、北斗七星、南斗六星等圖案及天蓬元帥稱號。天蓬尺比法尺更有威力。

（6）法劍：又稱寶劍、劍、七星劍。古代道教法師即有佩劍的規定。法劍長約六十公分，有鐵製和木製兩種。鐵製鋼劍劍身兩面各鑲有北斗七星圖案，七星劍一般是兩把，可合起來使用，稱為合劍，也可兩手各握一劍，稱為雙劍。木劍多用驅魔威力强大的桃木削製，故又稱桃劍，劍身畫有符咒。

還有一種長約三十公分的短劍，黃銅製成，劍刃鈍，尖端帶圓形，劍柄成輪形，穿着幾枚中有孔洞的銅錢或小鐵環，劍身上刻有太上老君稱號。這種短劍是法師辟邪武器，又稱為師刀、巫劍。也有長約四十公分的刀刃鋒利的鐵製短劍。

（7）法印：法印多用於驅魔辟邪，醮壇上使用的青詞、章文、符籙，多要蓋法印，以象徵神靈；道士受籙，也要蓋法印作為憑信。法印多為正方形，也有長方形，邊長約四公分至一五公分，大小不等。質料有木質、石質、青銅、玉，印文有神仙稱號等，文字多已符籙化，一般人難以識讀。正一道最重視法印的靈力，張天師的『陽平治都功印』玉印和寶劍被視為傳家之寶，已下傳六十餘代天師。茅山的『九老仙都君印』玉印也是流傳上千年的鎮山之寶，至今為茅山道教協會珍藏。以下法印即是符籙印文（見圖五）。

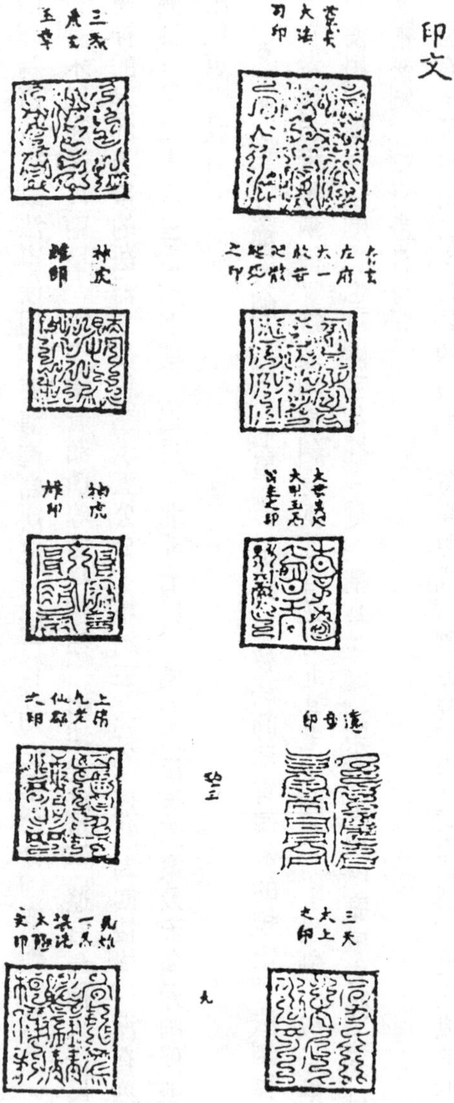

圖五　法　印

道教用印有講究：中下界申狀用靈寶大法司印；青詞用三炁飛玄玉章；奏狀及上界申狀用通章印；章表並用上清九老仙都之印；長生符用元始一炁混沌太極之印；凡符文屬上清者並用三天太上印。《抱朴子內篇》說道士佩黃神越章之印入山林，可以辟虎狼，也可以祛除山川社廟血食惡神之神力。

（8）令牌：源於古代軍隊的虎符，又稱雷令、五雷牌。令牌用木製，高約十八公分，寬約七公分，厚約三公分，弧頂，平底。一般正面刻『五雷號令』，背面刻『總召萬靈』，兩側刻二十八星宿名稱。令牌上圓下方，象徵天地，是召集神將的法器，也用於役使雷神辟邪。

（9）淨板：又稱奉旨、封止、方子。淨板長約十公分，高約四公分，寬約三公分，向上一面稍微隆起，底面平坦，用漆塗飾成紅色，側面刻有符文。淨板用木製成，在醮壇上淨板始終置於桌案上，高功擊淨板以發出儀式進行段落的信號，法師用淨板拍桌以威嚇惡靈。古時法宮審案的驚堂木，或講評書的人使用的醒木，即與淨板形制大略相同。

（10）手爐：是有柄的香爐，用手持，故稱手爐。手爐源於古代灌獻之禮用圭瓚。瓚形狀如盤，柄像圭，瓚內盛放祭酒，執柄以行灌獻之禮。醮壇儀式的發爐，即是道士執手爐燃香，以行祭禮。

除上述法器外，醮壇還須陳列天樂儀仗，也就是音樂儀仗。《天皇至道太清玉册》說：

天樂之始，起於黃帝。相傳黃帝會羣靈於崑崙之西山，始作笙竽簫笛鐘磬鼓，又取伏羲所製琴瑟，合奏成天樂，於是神羣皆集，百獸率舞，鳳凰來儀。後世道教祭祀，也用三清天樂，使用的樂具有：

震天集靈之鼓　碧霄震空之鏞
萬金錚鉎之鐘　群玉琳琅之磬
瑤池靈明之鼓　達悃通真之磬
玉霄紫金之鐘　玉清天球之磬
太昊咸和之琴　琅霄遏雲之管
湘靈空請之瑟，太虛仙音之籟
瑤臺夜月之阮　青花瑤天之笙
嘯風凌雲之笛　靈鼉嘯風之鼙
瓊臺碧玉之板　葉和衆音之塤
五音翕和之柷　檄龍命鴉之柝
玄洲洞靈之簫　震空丹霄之璈
保合太和之篪　八音九成之敔

凡陞壇朝真謁帝則用此三清之樂，如行道誦經止用常日之仙樂。如果說此黃帝天樂尚有仙話色彩，那末明代茅山道教的仙樂儀仗，則毫無疑問是信史。

明代茅山為國齋醮，登壇演習的仙樂儀仗有：

唱念二十一名：知磬四名，正儀一名，表白四名，清道一名，宣讀一名，訓儭二名，引揖二名，手鼎二名，知鐘一名，知鼓一名，侍職二名。

內壇奏樂十五名：雲鑼一名，笙四名，管二名，笛二名，札二名，板二名，鼓二名。

外壇奏樂十五名：雲鑼二名，笙三名，管二名，笛二名，札二名，板二名，鼓二名。（笪蟾光《茅山誌·道秩考》）

如此仙樂演奏陣容，在當時也算是頗有氣勢了，時人睹此仙樂儀仗，有感而賦詩曰：

雲璈聲裏天燈近，知是三真謁帝回。
清吟未徹金鐘奏，催上朝元午夜香。

3、醮壇執事

參加齋醮法事的道士，統稱為『醮壇執事』，根據所司職責，又有特定稱謂：

高功　俗呼為掌壇師。是醮壇諸經師的首領，能闡揚教法，隨壇作儀，主持大小法事，上表迎駕，登壇朝禮。經典玄律，科範威儀，都由高功提理。高功需由道德內充，威儀外備，熟悉經典科儀且會做功、念功、唱功、奏功的法師擔任。

都講　又叫右闡道。是輔助高功主壇的副手。主管唱讚導引，在儀式中負責提韻、宣闡、領白和叫香。因都講在科儀中常手執龍旗，並居高功東側（青龍方），故又俗稱為龍班、龍單。通常由一至二人擔任。

監齋　又叫左輔教。是輔助高功主壇的副手。主管科儀典法，糾正壇職，振肅威儀，典領科禁，監督齋醮如法如儀進行。

以上三職，正一道稱為三法師。其他醮壇執事有：

侍經　負責嚴潔壇場几案，整齊祀神道經（即經寶），管青詞章表符文的開函啟奏和緘封收櫝，勿使執置錯亂，典章虧失。

侍香　負責精飾鼎彝，潔嚴案席，如法供祀醮壇香火，必令煙炁氤氳，飛馨散馥，保持靈香芬芳不斷。需熟悉各種科儀的壇場布置和香、紙的使用。

侍燈　負責整辦缸篝，嚴潔燈燭，使壇場法燈長明，照徹內外。需熟悉各種科儀的壇場布置和燈燭的使用，勿使煙光扇蕩，暉影傾翳。

高功、都講、監齋、侍經、侍香、侍燈，又稱為六職，一般醮壇，最少也得有此六職演禮。

提科　是壇場提音接咏的法師。須聲音洪亮，熟悉科儀，會唱會念的博學經師擔任。

表白　負責壇場上宣念文函、對白、和韻，要求上申天庭，虔誠恭敬，清音雅咏，字句清晰。須熟悉經典科儀，會唱會念的博學經師擔任。表白在科儀中常手執虎旗，居於高功西側（白虎方）故俗稱為虎班、虎單。

正儀　負責通貫科儀，整肅玄綱。

監壇　負責激濁揚清，攝邪輔正。

清道　負責肅清雲路，蕩滌塵氛。

知爐　又叫左司儀。負責司儀。

知磬　又叫右司儀。負責司儀。

此外還有演奏道樂的經師多名。

醮壇清規

道教講究威儀，對道士個人修持，就有出入、事師、視聽、言語、盥櫛、飲食、聽法、出行、起立、坐臥、作務、沐浴等威儀。而醮壇是人神交接的場地，更要講究祀神威儀，在醮壇上違反威儀、惰慢過失者，要按清規予以懲罰。《天皇至道太清玉冊》記載明代道教的《醮壇清規》是：

登壇道士，各賫中褐簡履，不得臨時交換，彼此公事有闕，不得穿著非己之服。

如有事離壇，當向法師一拜，禮香一拜而去，還壇亦如此。

如陞壇履屨不整，罰二十拜。

如坐起不按順序，罰五拜。

如倚斜不正坐，罰五拜。

如臨壇唱讚法事，與外人交談，罰二十拜。

如翻覆燈火，罰十拜。

如講世俗事務，罰二十拜。

如言談戲笑，罰二十拜。

如倚言互聒，罰五拜。

如翻覆燈油，罰五十拜。

如中褐不整，罰十拜。

如都講讚唱失儀，罰二十拜。
如執糾見過，不彈私隱，罰六十拜。
如侍經不整飾高坐，觸物有闕，罰十拜。
如侍香香煙中絕，罰四十拜。
如侍燈燈火中滅，罰二十拜。
如醮主內外不相檢，叱音聲高厲，罰五十拜。
如聽經倚據不執簡，罰十拜。
如不注念清虛，心想意倦，被察覺者，罰三十拜。
如出入醮壇，不告訴監齋，罰二十拜。
如垂髮行走，罰二十拜。
如誦經錯亂，請問錯句，罰三十拜。
如唱讚聲不齊，罰二十拜。
如陞壇不洗手漱口，罰二十拜。
如坐起揖遜失儀，罰五拜。
如旋行不依次序及逆行，罰十拜。
如起行、還坐，不禮經，罰三拜；徑去者，罰二十拜。

如臨時燒香突行，罰十拜。

如醮主供辦，觸事有闕，罰二十拜。

如受關不啓上，罰三十拜。

如醮次擅自下壇，罰一百拜。

如犯威儀，彈罰不伏者，逐出醮壇不用。

如下坐衆官，法事有虧，一至三次，依科彈罰，錯三次以上，退出齋次；執糾者不彈罰，與犯同罪。

如上坐法師，法事有虧，自取愆失，送簡監齋，一至三次，依科彈罰，三次以上，斷功三百日，不得又在法坐。

(二) 醮壇科儀

1、祝頌偈咒

上面介紹的壇場布置、供具法器、法師職責等，是舉行齋醮的基礎。但僅此還不够，齋醮，作為道教的祭祀儀禮，還有它特有的科儀程式，如上供、祝香、陞壇、宣衛靈咒、鳴鼓、發爐、存想、降神、迎駕、上章表、奏樂、步虛、散花、讚頌、宣詞、復爐、唱禮、祝神、送神、散壇等。

在齋醮儀式中，發願、讚頌、唱偈、念咒是必不可少的內容。祝頌偈咒都是韻文，法師唱念，稱為『吟表』，長聲短調、抑揚頓挫，有聲有色，協韻合律，再配以醮壇法器的擊打與樂器的吹奏，烘托出醮壇的莊嚴神秘氣氛，能給人一種強烈的宗教感染力。

祝　在醮壇上，高功焚香發願，啟奏神靈，即要念誦祝文。下面是高功上香的三首祝文：

上御案香祝

玉華散景，九氣含煙

香雲密羅，逕衝九天。

侍香金童，傳言玉女，

上聞帝前，令臣所啓，

咸乞如言。

上手爐香祝

道由心學，心假香傳。

手執玉爐，心存九天。
真靈不眄，仙旆臨軒。
令臣關告，逕御三天。

上洞案香祝

朱陽九霄，蔚藹元晶。
靈鳳來翔，上朝玉京。
流結感化，仙道克成。
願此丹禱，隨煙上陞。

（《道門通教必用集》卷四）

頌

讚頌是都講在醮壇上吟誦的讚美神靈的詩句，有三啟頌、智慧頌、奉戒頌、學仙空洞頌、出堂頌、還戒頌、解壇頌、唱道贊、華夏贊、空洞贊、回向贊等。下面是《無上黃籙大齋立成儀》的三啟頌：

三啓頌一

樂法以爲妻，愛經如珠玉。
持戒制六情，念道遣所欲。
澹泊正炁停，蕭然神靜默。
天魔並敬護，世世受大福。

三啓頌二

鬱鬱家國盛，濟濟經道興。
天人同其願，縹緲入大乘。
因心立福田，靡靡法輪昇。
七祖生天堂，我身白日騰。

三啓頌三

大道洞玄虛，有念無不契。
煉質入仙真，遂成金剛體。
超度三界難，地獄五苦解。
悉皈太上經，靜念稽首禮。

（《無上黃籙大齋立成儀》卷一六）

偈　『偈』是梵語伽陀（gāthā）的音譯，是一種詩體諛神之辭。偈語三至八字為一句，四句為一偈。醮壇上法師吟偈，有開方偈、召請諸神偈、召亡人偈、召請偈、澡浴偈、法橋偈、下橋偈等。《大明立成玄教齋醮儀》載建度亡醮所吟偈文是：

揚幡偈

祥雲結就此靈幡，影落浮空散世間。
縹緲靈風才一舉，含靈俱得脫幽關。

立寒林所偈

符命通溟漠，靈幡颺曉風。
遷神超北府，飛舄上南宮。

召魂偈

太微回黃旗，無英命靈幡。
攝召長夜府，開度受生魂

咒　咒語是頌神制邪之文，是道教使用最廣泛的具有法力的語言。醮儀中使用的咒有五方衛靈咒、淨壇咒、解穢咒、入户咒、出户咒、上香咒、淨天地咒等。各種醮儀開始時，都要宣衛靈咒，有些科儀還宣五方衛靈咒，如《真武靈應大醮儀》宣五方衛靈咒是：

東　方

九炁青天，明星大神。
煥照東鄉，洞映九門。
轉燭陽光，掃穢除氛。
開明童子，號曰玄卿。
備衛我軒，上對帝君。
收魔束妖，討捕兇羣。
奉承正道，赤書玉文。
九天符命，攝龍驛傳。
普天安鎮，我得飛仙。
與道合真。

南　方

三炁丹天，煥景流光。
熒星轉燭，洞照太陽。

上有赤精，合契虛皇。
開明靈童，號曰華房。
總統火兵，備守玉堂。
斬邪束妖，剪截魔王。
北帝所承，風火莫當。
流鈴交煥，翊衛壇場。
正道流行，敢有巴狂。
我享上功，坐運魁罡。
億劫長存，保天無疆，
與道合真。

西　方

七炁素天，太白流精。
光耀金門，洞照太冥。
中有素皇，號曰帝靈。
保神安鎮，衛我身形。
繼絕邪源，王道正明。

宮殿整肅，三景齊年。
道合自然，飛昇紫庭。
靈寶符命，普惠萬生。
元皇正炁，來合我身。
功加一切，天地咸寧，
與道合真。

北方

五炁玄天，元始徘徊。
辰星煥爍，光耀太微。
黑靈尊神，號曰層威。
統冠飛天，仙裙羽衣。
備衛五門，檢精捕飛。
敢有干試，豁落斬摧。
玉符所告，神鎮八威。
邪門閉塞，正道明開。
映照我身，三光同輝。

策空駕浮，舉形仙飛，
與道合真。

中　央

一炁黃天，調理乾坤。
陶鎔陰陽，總統玄真。
鎮星吐輝，流煥九天。
開時童子，號曰天璘。
元炁陽精，焰上朱煙。
洞照天下，及臣等身。
百邪摧落，殺鬼萬千。
中山神咒，普天使然。
五靈安鎮，身飛上仙，
與道合真。

（《道門科範大全集》卷六四）

上述祝、頌、偈、咒，都是韻文，這種韻文源於古代先民的祀神活動。就韻文的種類來說，中國古代有古歌謠、詩經、楚辭、樂府、賦、律詩、絶句、聯句、集句、盟、誓、箴、規、戒、銘、連珠、頌讚、哀辭、誄、祭文、弗文、祝文、嘏辭、玉牒文、上梁文、兒朗偉等，其中頌讚以下諸韻文，多與祭祀有關。

道教醮儀中的祝、頌、偈、咒，源於古代巫祝祭祀的樂歌。《禮記》、《詩經》中，就有不少祭祀歌辭，《周頌》、《商頌》、《魯頌》，就是《詩經》收集的宗廟祭祀樂歌。道教科儀正是採擷了古代祭祀歌詩，加工改造，豐富發展，形成表現道教思想最具特色的祭祀文體。

祝、頌、偈、咒可以莊嚴道場，增加醮壇的神秘氣氛。各種醮儀法事，從開始至結束，其間每一個程式，都穿插有祝、頌、偈、咒之辭，這是向神的誦禱、訴説。在靈香氛氳、燈燭洞幽、靈幡摇曳的壇場上，法師琅琅禱告，伴隨鐘磬鼓樂聲聲，彷彿神真降臨。在這人神交結的壇場，世俗的塵念被蕩滌淨化，人的心靈亦受到醮壇神秘氣氛的感染，從而對神靈肅然起敬，齋醮儀式的感化作用正在於此。

2、醮壇神符

符，又稱雲籙、符字、八顯、玉字訣、皇文帝書、玉牒金書、琅虬瓊文、天書、龍章、鳳文、寶誥、丹書、石字、玉字、紫字、自然之字、金壺墨汁字，這許多雅稱，其實都指道符。道教是以符籙見長的宗教，醮壇布置離不開符，法師行法要使用符，符的結構奇特，名目繁多，用途廣泛，數量幾乎不下數千種。

符籙之源，出於先秦巫術。早在黃帝時期，古代先民就已有立壇、求神、授符等巫咒風俗。漢代，符籙已十分盛行，長沙馬王堆西漢墓出土文物中，即有西漢時期的符籙。《續漢書·禮儀誌》記漢代用符習俗說：

> 以桃印長六寸，方三寸，五色書文如法，以施門户。

漢代習俗以桃印止惡氣，因為漢代人認為鬼畏桃，於是就用直徑約一寸，長七八寸的桃梗，剖分為二，來書寫祈福禳災之辭，當時稱為桃符或籙符。

道教興起之初，便沿用巫祝符術，為人治病解危。陝西户縣漢墓出土的曹氏符，就是現在所知有明確紀年的最早的道符。（見圖六）

户縣曹氏符畫在朱書解除瓶上，由兩個畫符組成（圖2、3），符旁寫有朱書解除文，十五行九十七字，有五字已剥落不清，解除文的內容是：

> 陽嘉二年八月，己巳朔，六日甲戌徐。天帝使者，謹爲曹伯魯之家移殃去咎，遠之千里，咎□大桃不得留，□□至文鬼所，徐□□，生人得九，死人得五，生死

異路，相去萬里。從今以長保孫子，壽如金石，終無凶。何以爲信，神藥厭填，封黃神越章之印。如律令。

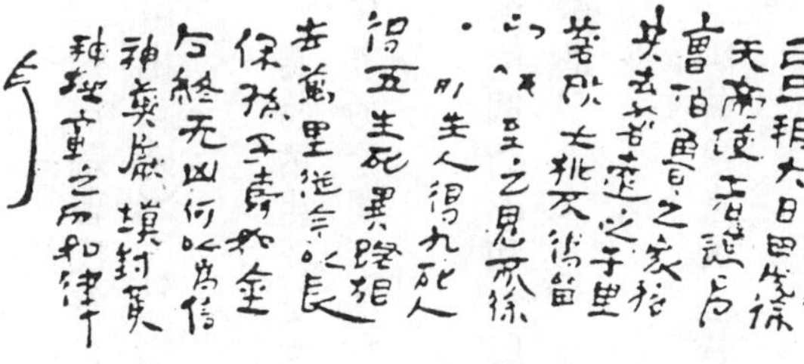

（一）

（三）

（二）

圖六

（一）陝西户縣曹氏瓶朱書解除文

（二）第一符

（三）第二符

據此文，知户縣曹氏符書於東漢順帝陽嘉二年（一三三年）。據考古學家王育成考釋，第一符分別由𡁞（時）、日（三個）、月、尾、鬼五字組成，該符的含義是：

萬物的生死是由時節制的，不能違反，活人屬於日所代表的陽世，死人歸於月所代表的陰間，尾宿保佑曹家多子多福，鬼宿管理死人祠祀之事。

第二符由兩個圖形和一段辭句相連的文字組成，圖形是太一、天一組成的星符和繩索，第二符的含義是：

綁縛惡鬼的法物繩索在此，具有逐鬼驅邪職守的太一，天一星神也在持節以待。

這兩符的書寫者是東漢時期的道士，此道符一是申明天帝神意，二是表現禦鬼的力量，後世道教正是聲稱符是天神所降，精氣所成，有治病、鎮邪、驅鬼、召神的神效。《抱朴子·登涉》說，將符字丹書於桃木板，釘板於門或樑柱下，鬼魅不敢近；佩戴符籙入山，可以辟百鬼猛獸。說明東晉道教仍通行用桃符驅鬼邪，此習俗可能源於《山海經》。《山海經》說：滄海之中，有度朔之山，山有大桃木，蟠屈三千里，桃枝間東北叫鬼門，是萬鬼出入之處。鬼門上有二神人，一叫神荼，一叫鬱壘，主領閱萬鬼。惡害之鬼，二神人就以葦索捆縛喂虎。於是，黃帝時驅鬼邪，就已有立大桃人，門户畫神荼鬱壘與虎，懸葦索以禦的習俗。

符在道教法術中佔有重要地位，道教法術大多離不開符，齋醮儀式更是如此。《靈寶玉鑒》共四十三卷，就記載了齋醮儀式中使用的各種符，下面擇要介紹幾種：

幡符　醮壇要立幡，稱為靈幡，或靈寶大法幡。古時幡用絹或繒製成，一幅幡用絹或繒四十九尺。建齋醮法事時，在法壇四周立長竿颺幡。幡上即繪有各種符文。幡的種類很多，不同醮儀需建不同名稱的靈幡，如四境幡、告盟幡、建壇幡、回耀幡、大慈寶幡、太乙救苦靈幡、遷神寶幡、回黃寶幡、龍童幡、招真幡、招靈幡，……名目繁多，不勝枚舉。

符文又分幡頂符、幡面符、幡背符。如太乙召魂幡的幡頂，即書一人形召魂符，幡面、幡背又書不同的符文，用於攝召鬼魂的符就有追魂符、攝魂符、引魂符、聚魂符、取魂符、驅魂符。

以上所述是大幡，另有一種小幡，如度亡科儀的破獄幡，用紅絹七尺製成，登壇時誦咒懸於獄燈壇中，各幡亦緩有符文，常用的破二十四獄幡符有：釘身符、鎖身符、銅柱符、鎔銅符、毒蛇符、剉身符、鋸解符、鐵犁符、鐵杖符、刀山符、寒冰符、鑊湯符、鐵輪符、爐炭符、鐵丸符、劍樹符、惡汁符、食炭符、石壓符、鐵錐符、鐵牀符、碎形符、拔舌符、培山符。

靈幡上的符，有圖形、籙符等形式，籙符文字一般可識讀，《靈寶玉鑑》就記載了一些符籙的譯文。

如開導幡符，此符文的譯文是：

六甲使者，持幡開導

（《靈寶玉鑑》卷五）

有些靈幡的符文是咒語，這就是道教常用的符咒。如度橋陽暉幡上的兩首符咒譯文是：

陽暉符咒

明哉太陽暉，神光洞三清。
炁散玄漢內，靈烟生紫庭。
控禦乘風霞，飄飄凌無形。

返根咒符

明梵飛玄景，開度長夜魂。
游爽赴期歸，炁炁這故根。

（《靈寶玉鑑》卷五）

陽暉符咒書於幡身，返根咒符分別書於幡兩手。

齋醮壇場內外要建二十四幡，每首幡有六符字籙文，這種符又是幡的名稱，壇場二十四幡符籙文的譯文是：

引魂明光之幡　威靈拔度之幡
垂光慈陰之幡　梵炁彌羅之幡
明霞通智之幡　法燈朗照之幡
靈曜八景之幡　玄明定真之幡
慧日流光之幡　金秧洞神之幡
惠覃幽顯之幡　流輝素景之幡

五劫開化之幡　通光普照之幡

混化辯生之幡　靈光皓映之幡

垂芒流照之幡　神光廣被之幡

度名玉簡之幡　思神玄感之幡

龍威夢度之幡　霞光朗映之幡

育魄洞照之幡　玉皇赦罪之幡

（《靈寶玉鑑》卷四）

門符　書於醮壇門榜之符。我們在建壇部分已談到，醮壇一般分為外、中、內三壇，每壇都有門户，門榜上同樣要書符。如皇壇就分別有以下符：

外　壇

洞青之炁符　梵行之炁符

洞陽之炁符　梵陽之炁符

少陽之炁符　梵通之炁符

洞陰之炁符　梵元之炁符

日門符　月門符

中壇

天門符　地户符

人門符　鬼户符

內壇

青華元陽之門符　始陽生炁之門符

九靈皇真之門符　洞陽太光之門符

元皇高晨之門符　通陰金闕之門符

九仙梵行之門符　大羅飛梵之門符

陰生廣靈之門符　靈通禁上之門符

每一門符還書有一首真文，或天文、隱文、寶章、玉章、如日門符有《日宮明輝太陽煉魂制魔寶章》：

和陽煥明炁，炎輝豁太虛。
十輪回天關，八景朝紫微。
察制妖魔羣，邪試莫敢幹。
超度五苦難，太和升福堂。

（《靈寶玉鑒》卷一四）

《上清靈寶大法》記載一種八門召魂壇，就有八門牌符（見圖七）。

此門牌符用黃紙牌書，各高一尺四寸，立於壇場內，每邊兩符。道教認為亡人沾此符，魂魄就會入壇，人人皆可見現跡。

燈符　道教齋儀要使用燈，以照徹幽暗，破獄度人。而各種燈式，都有燈符，道教認為，法燈配上神符，才會有破暗燭幽之法力。《真人二十四戒經》說：凡人生前造二十四種罪惡，死後歷二十四報，化為二十四獄。故度亡類醮儀，要在壇場立二十四獄燈，以照徹二十四獄，濟度亡魂，而有破獄法力的，就是燈符。二十四獄燈符是：

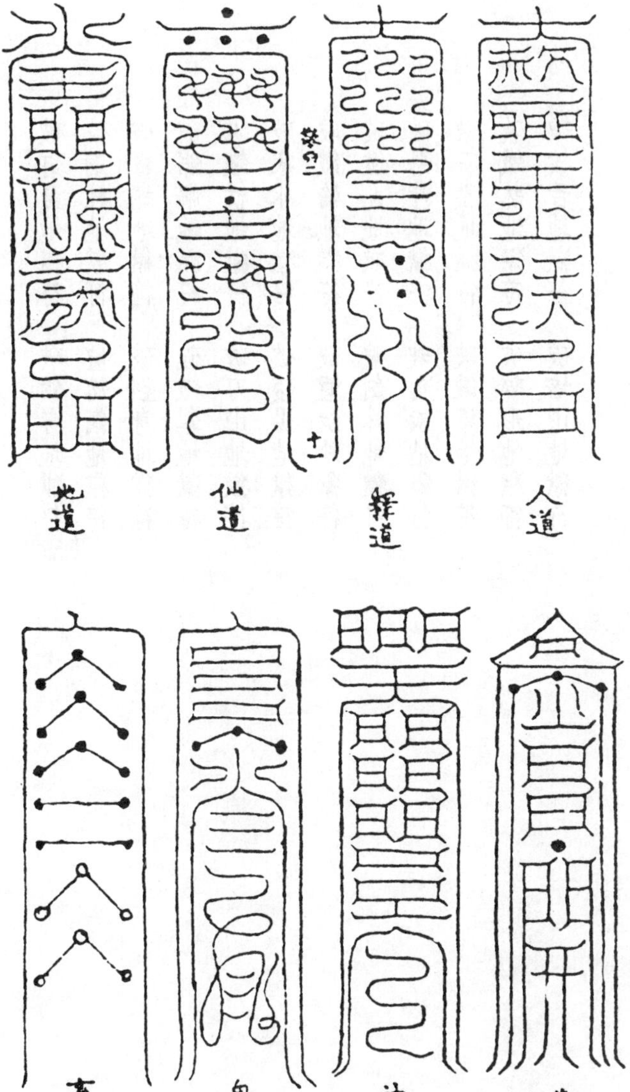

圖七　八門牌符

破釘身地獄符　破鎖身地獄符
破銅柱地獄符　破鎔銅地獄符
破毒蛇地獄符　破剉身地獄符
破鋸解地獄符　破鐵犁地獄符
破鐵杖地獄符　破刀山地獄符
破寒冰地獄符　破鑊湯地獄符
破鐵輪地獄符　破爐炭地獄符
破鐵丸地獄符　破劍林地獄符
破惡汁地獄符　破食炭地獄符
破石壓地獄符　破鐵錐地獄符
破鐵牀地獄符　破碎形地獄符
破拔舌地獄符　破培山地獄符

在二十四獄中，亡魂還要經三塗五苦八難之場，故有永度三塗五苦八難符。醮壇上還要專設八難燈，並有八難燈符：

解祛雷役電之難符　解擔砂負石之難符
解摙汲溟波之難符　解刀山地獄之難符
解劍樹地獄之難符　解鑊湯地獄之難符
解爐炭地獄之難符　解寒冰地獄之難符

燈符在關燈時逐一焚化，焚符時法師要念符咒：

天尊救羣迷，超度離八難。
慶會人道中，五苦一齊併。
永滅三途津，煥輪發周範。
希夷守真常，浩劫無期限。
急急如律令！（《靈寶玉鑑》卷三一）

這就是道教的符咒，它是使用最廣泛的法術手段，焚符念咒，以達上天。

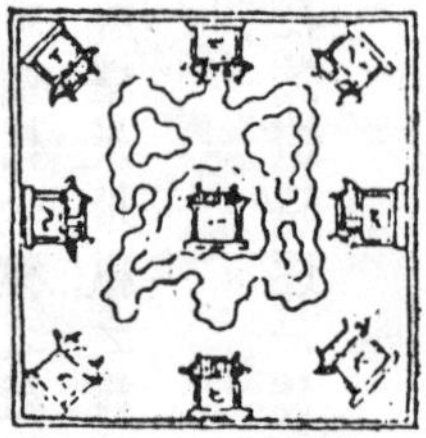

九壘燈符

第一壘洞淵澤地土皇君符

第二壘金剛澤地土皇君符

第三壘石脂色澤地土皇君符

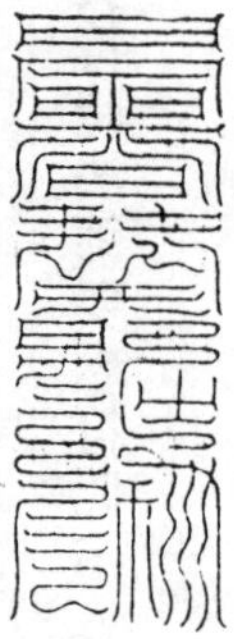

第四壘潤色澤地土皇君符

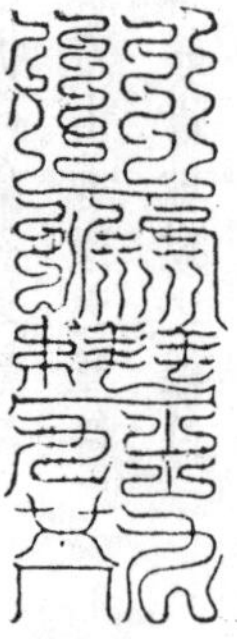

第五壘金粟澤地土皇君符

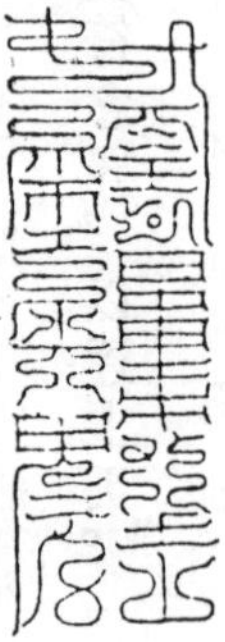

第六壘金剛鐵色澤地土皇君符

第七壘水制澤地土皇君符

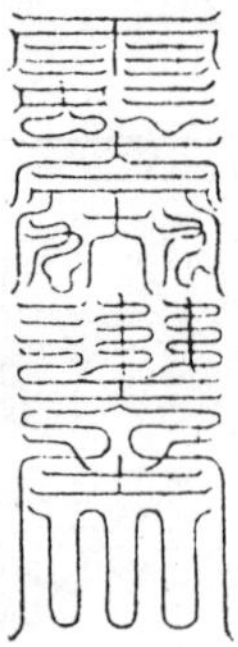

第八壘大風澤地土皇君符

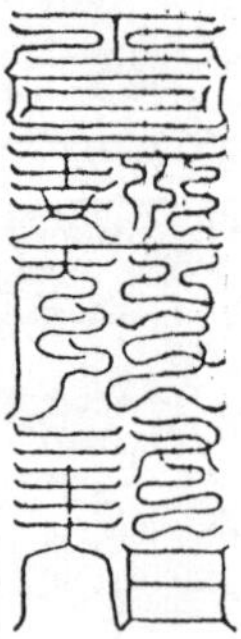

第九壘洞淵無色綱維澤地土皇君

圖八　燈符（上：九天燈圖　下：九壘燈符）

道教還有一種九壘燈符，它與九天燈相配合。第一天居九天燈圖正中，餘八天分居八方，隨方立九壘燈符（見圖八）。

醮儀靈符　在各種齋醮法事中，還要臨壇焚化符文，禱告神靈，不同的法事要焚不同的符，我們將這類符統稱為醮儀靈符。如煉度類科儀，在法事進行中，高功先後要告解冤符、降水符、降火符、九水返生符、九火返生符、十八大洞符、九章符、五神混合符、玉嬰神變符、仙化成人符等。高功步罡合炁，或投符於水池，或投符於火沼。在投龍簡儀式中，隨龍簡一起投放的還有三簡靈符（見圖九）。

這種模仿雲物星辰之勢，似文非文，似圖非圖的道符，是溝通人神的憑信，陸修静就説過：

凡一切符文皆有文字，但人不解識之。若解讀符字者，可以録召萬靈，役使百鬼，無所不通也。

（《太上洞玄靈寶素靈真符》卷上）

道符既有如此神力，則書畫製作當虔誠嚴肅，畫符時需念咒、掐訣、叩齒、存想。如書燈儀中的玉清慧光符，則念書符咒：

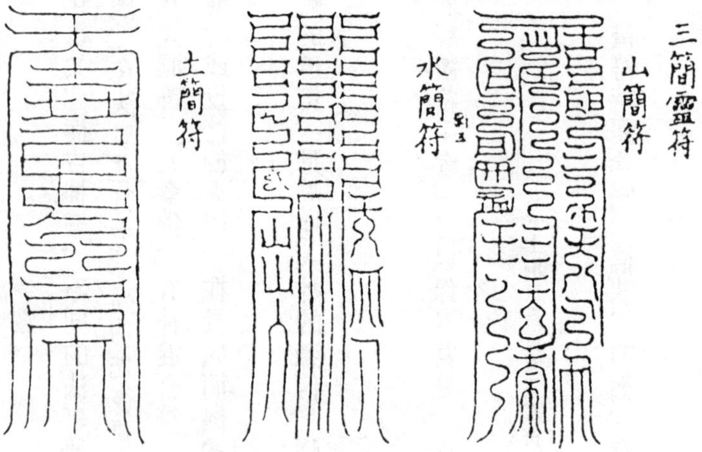

圖九　三簡靈符

日月星光，照破重泉。
元始一炁，演化三元。
混合空洞，梵氣之先。
玉帝有命，告下十天。
陽暉烜赫，陰景清圓。
虛明洞映，朗照壇乾。
光澄萬虛，景合妙玄。
廓清人極，應化自然。
急急如元始上帝敕！

《靈寶玉鑒》卷一一

寧全真《上清靈寶大法》卷三十九載書符式說，書符須設香几、法器，書符法師存想朱硯水盂為日月，紙為金版，筆為青龍，香煙為白雲，手結斗印，存想五斗纏身，步豁落斗，掐上帝訣，存身入三臺北斗中，雙手剔斗，禮拜上香，叩齒跪奏諸神說：

臣今爲齋主某投詞入意，今則崇嚴靖室，恭依靈寶齋法，書篆應千符誥券，以俟至期，按格施用。……仰乞天恩，俯垂矜憫，特賜大道妙光，十方正炁，流注臣身心豪竅之中，朱墨器用之內，使結節解釋胎根，肅清存念，感通真光發越，一筆一竅，合道合真，凡有施行，克彰嘉應俾契上玄之妙，以全濟度之功。

（寧全真《上清靈寶大法》卷三九）

法師存思太上道君命仙人頒降符篆下降，恭誦祝文後，引炁三十二過，方入坐書符。下筆時，神不走，炁不亂，須心與符一，符與心俱，下筆成符，一揮而就。

《道法會元》談符的功能及書符訣竅說：符是陰陽贅合之物，只有天下至誠者，方能使用，如誠心不至，符自然不靈了。因此，以我之精，合天地萬物之精；以我之神，合天地萬物之神。精精相符，神神相依，所以借尺寸之紙，號召鬼神，鬼神不得不對。

總之，書符者引炁存神，傾『精』、『神』於筆端，如此書成的道符，方有役使鬼神之靈驗，這就是書符的訣竅。《道法會元》說：

畫符不知竅，反惹鬼神笑。

畫符若知竅，驚得鬼神叫。

（《道法會元·清微道法樞紐法》）

這是道士們的經驗之談！

明嘉靖二十二年（一五四三年）至三十四年（一五五五年），明世宗先後九次下旨，敕命提督太監王佐選武當山道士為宮廷篆寫靈符，共篆寫紙符二十六萬多道，桃木，檀木香符三萬五千餘片。這位迷戀齋醮的皇帝，皇宮建齋設醮，專用武當高道所書靈符，且多達三十萬符，於此可見道符之盛行！

3、步罡踏斗

步罡踏斗是齋醮時禮拜星斗、召請神靈的儀式。又名步罡躡紀，躡罡履斗。『罡』指天罡，『斗』指北斗。它是在醮壇上佔方丈之地，鋪設罡單，象徵九重之天，高功脚穿雲鞋，在罡單上隨着道曲，沉思九天，按星辰斗宿之方位，九宮八卦之圖，以步踏之，即可神馳九霄，啟奏上天。

高功步罡踏斗之步伐，稱為禹步。

傳說大禹治水時，至南海之濱，見鳥禁咒，能令大石翻動，而鳥禁咒時常作一奇怪步伐，大禹便模仿此鳥步伐，運用於治水之方術。水患被治服，大禹之術亦流傳後世。因此步為禹製作，故稱禹步。後好道者加以推演，便成九十餘種，舉足不同，咒頌各異。

道教認為禹步可召役神靈，是萬術根源，『凡作天下百術，皆宜知禹步。』這是葛洪在《抱朴子》中闡述的觀點。

其實，禹步最早是古代巫覡的舞蹈步伐，它是一種巫步，是巫師跳神的步伐。道教承襲禹步之法，其步先舉左足，三步九跡，跡成離坎卦。葛洪在《抱朴子》中兩次提到禹步法，說明東晉道教已風行禹步。

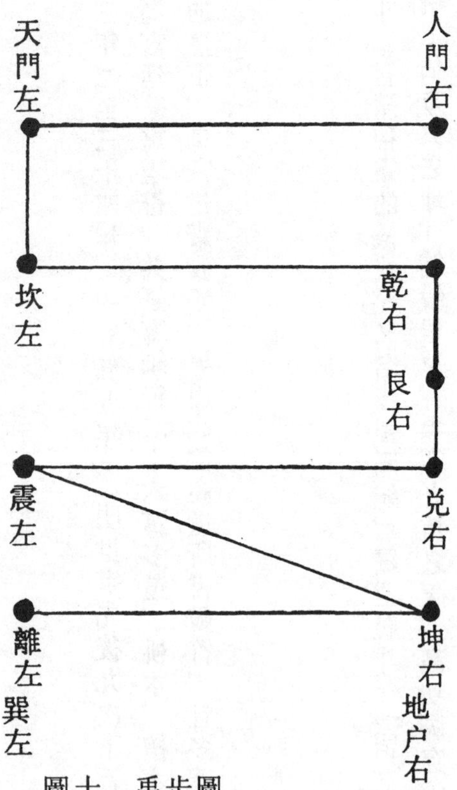

圖十　禹步圖

《雲笈七籤》卷六十一說：諸步綱起於三步九跡，這叫禹步。禹步之法，先舉左足，是跬一步，一前一後，一陰一陽，初與終同步，置足橫直，步如丁字，以像陰陽之會。這種三步九跡，寓意三元九星、三極九宮，以應太陽大數。

禹步法用圖表示如下：在醮壇上面向神壇鋪設罡單，或以清淨白灰作星圖及八卦之數。高功立於地户巽上，面向神壇，握固閉氣，叩齒存神。然後先舉左足，踩於離卦，右足踩坤卦；左踩震卦，右踩兑卦，左從右併作兑卦，右踩艮卦，左踩坎卦，右踩乾卦；左踩天門，右踩人門，左從右併在人門上立（見圖十）。足踩九卦，即為九跡，如此反覆進退三次，稱為三反，方閉目存神，調氣歸息。

禹步之法，因與握固閉氣、叩齒存想等法術配合，故須先習五氣一年，再習三步九跡星綱一年，經兩年修習，方可臨壇步罡行法。

步罡踏斗是道教齋醮常用法術，試舉二例：

《南唐書》載道士譚紫霄：

> 寓廬山棲隱洞，其徒百餘人。有道術，醮星宿，事黑煞神君，禹步魁罡，禁沮鬼魅，禳祈禍福，頗知人之壽夭。
>
> （馬令《南唐書·方術傳》）

明代詩人張元凱有詩描寫皇宮齋醮說：

宮女如花滿道場，
時聞雜佩響琳琅。
玉龍蟠釧擎仙表，
金鳳鈎鞋踏斗罡。

我們有必要對步罡踏斗的『罡』與『斗』作具體介紹：

罡，即天罡，指北斗星。

斗，即北斗，因北方有七星聚成斗形，故名北斗。

可見罡、斗都指北斗星，所以步罡踏斗，又有謂踏罡步斗，都指一回事。

北斗七星是：一天樞、二天璇、三天璣、四天權、五天衡、六闓陽、七瑤光。古人認為北斗七星各有所指，《晉書·天文誌》說北斗七星在太微北，樞為天、璇為地，璣為人，權為時，衡為音，開陽（闓陽）為律，瑤光為星。

道教稱北斗七星為七元解厄星君，居北斗七宮（見圖十一），即：

天樞宮貪狼星君
天璇宮巨門星君

禹步法

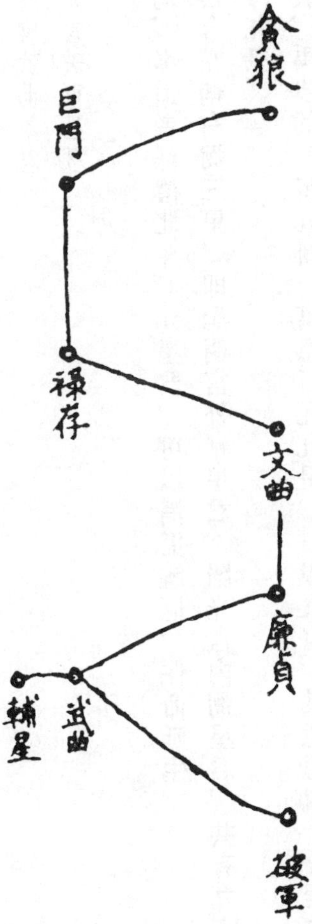

圖十一　北斗七宮圖

天璣宮祿存星君
天權宮文曲星君
天衡宮廉貞星君
闓陽宮武曲星君
瑤光宮破軍星君

道教認為：奉道者拜禮北斗七元星君，可以消災解厄，保命延生。北斗七宮合左輔右弼三星，即洞明宮外輔星君，隱光宮內弼星君，共有九宮星君，稱為九皇，或北斗九皇。

說到這裏，禹步的三步九跡，寓意三元九星、三極九宮，其意思就十分明白了。三元是人身之元精、元氣、元神，又指上元天罡、中元人罡、下元地罡；三極指天、地、人三才至極之道，北斗樞、璇、璣三星即為代表。步罡踏斗就是以方丈罡單，象徵上天北斗，法師禹步於罡單，彷佛凝聚身中之三元，踩於北斗九星之上，置身三極九宮之中，無怪乎步罡踏斗有如此神通之法力了！

禹步斗罡，共有九步，《天皇至道太清玉册》說：一步像太極，二步像兩儀，三步像三才；四步像四時，五步像五行，六步像六律，七步像七星，八步像八卦，九步像九靈。步罡，就是飛天之精，躡地之靈，運人之真，使三才合德，九氣齊併，一切鬼神，旋轉天地。

與齋醮科儀的豐富相對應，步罡之法亦有多種，如三寶罡、北斗七元罡、三五飛步罡、遣將罡、九鳳破穢罡、交泰罡、二十八宿罡、五行相殺罡、五行相生罡、禹步九靈斗罡、金光範圍罡、禹王三步九跡罡等，各罡步履路線不同，適用醮儀亦不同。

張天師世傳的三五飛步之術，其實就是三五飛步罡法，明代通行的豁落斗罡法，就是三五禹步之樞要。

法師步罡踏斗時，還有以下法術配合。

罡訣　法師步罡時，在上臺定立，執簡朝天祝奏罡訣，各種罡法都有不同罡訣。如交泰罡第三圖式（見圖十二），法師轉身步北斗，自子至午，念訣：

白炁混沌灌我形，禹步相隨登陽明。
天迴地轉步七星，躡罡履斗躋九靈。
衆神助我斬妖精，兇惡潛伏邪魔傾。
萬災消滅我長生，我得長生朝上清。

（《靈寶玉鑑》卷七）

罡咒　法師步罡要念咒語，如二十八宿罡的總罡咒：

乾尊耀靈，坤順內明。

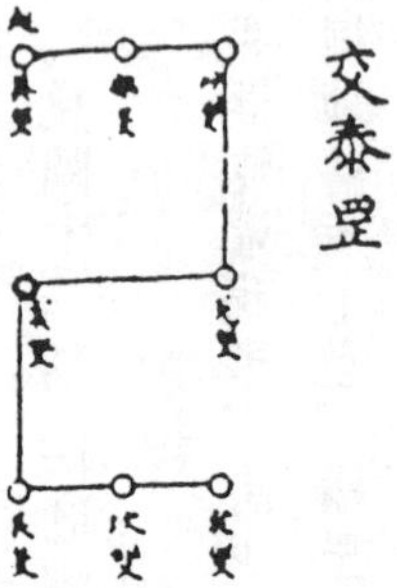

（二）交泰罡

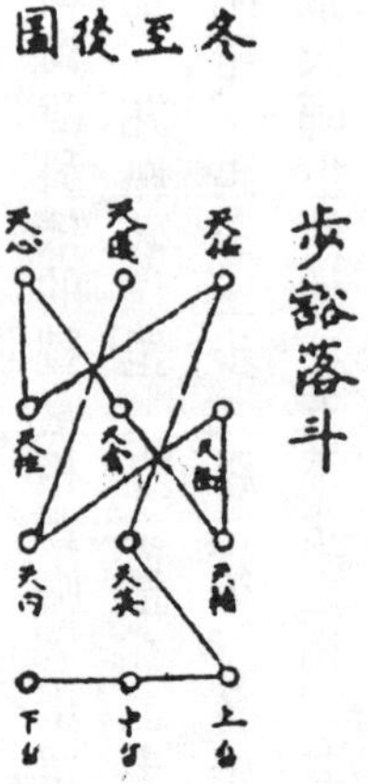

（一）步豁落斗罡法

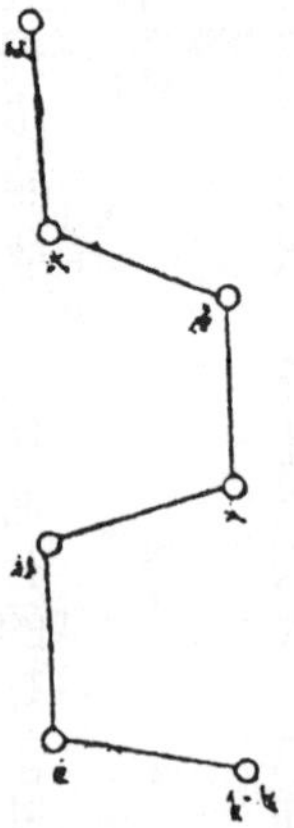

（三）交泰罡第三圖式

圖十二

二儀交泰，六合利貞。
振天響地，永寧肅清。
應感元皇，上衣下裳。
震登艮興，坎順離明。
巽旺兗生，虎步龍翔。
天門地户，人門鬼路。
爲我者誰，昊穹旻蒼。
今日萬步，上應魁罡。
鬼神賓伏，永辟不祥。
所求如願，應時靈光。
違吾令者，返受其殃。
急急如律令！

（《靈寶玉鑑》卷七）

4、掐訣叩齒

掐訣　掐訣又稱揑訣，用於通真制邪，役將治事，道教罡訣多達七百餘目。掐訣是行法中的掌指動作，法師右手常持法器，故掐訣用左手，手指間依一定部位揑壓，即表示不同訣文。訣的構成方法，是將左手四指各節代表四維、八方、十二辰，並定出代表八卦、七星、九宮、三臺、二十八宿的部位，法師用拇指掐某處，即代表某訣。

步罡踏斗要與掐訣配合，所謂手指足履，莫非合真，即指步罡掐訣的有機配合，符合道法要求。如：召八方威神罡，掐並輪八卦訣，步罡自坤步至乾立；羣魔束邪罡，是從子至午挑發，發罡自震起步至乾立；鬼精滅爽罡，是從子亥至申寅，步罡自坎至巳立；束縛魔靈罡，是從寅申巳亥挑發，步罡自坎到午立。

掐訣與咒語又相配合，如掐九鳳破移罡訣，法師以目光書𩃬𩆊𩂞三字光炁入水，默咒說：

謹請日君、月皇、三臺、北斗、二十八宿、五行生旺之炁，九鳳破穢將軍，九鳳破穢真官，解穢官衆，本法籙中將吏，並降真炁，入此水中。

（《靈寶玉鑑》卷七）

叩齒　叩齒即上下兩齒相叩，以集神驅邪。《天皇至道太清玉册》論叩齒說：叩齒是集真集神，凡人體炁散心炁耗，真炁不應，即須集之。叩齒，就是擊動天門而神炁應。左叩叫鳴天鐘，右叩叫擊天磬，凡制伏驅降妖魔鬼怪用此法。門齒上四下四，八齒相叩，叫鳴法鼓，可以通真格上帝，凡朝奏用此法。上下三叩成二十四通，即稱為鳴法鼓。道教醮儀開始時，都有鳴法鼓二十四通，即是三叩門齒，以朝奏上帝。

5、存想通神

存想，又叫存、存思、存神，即默想諸神形象。存想原是漢代流行的一種歷藏內視的養生術，用於自身修煉。道教也採用了存想，作為修煉法術。東晉時期，存想法術在道教中已十分流行了，葛洪在《抱朴子內篇》中論存想之法說：

> 道術諸經，所思存念作，可以卻惡防身者，乃有數千法。如含影藏形，及守形無生、九變十二化、二十四生等，思見身中諸神，而內視令見之法，不可勝計，亦各有效也。（《抱朴子內篇·地真》）

道教認為人身體是小宇宙，體內諸神與大宇宙中的神相統一，存想法術即可召出體內諸神，派

圖十三

修行存想圖。此圖見《太上除三尸九蟲保生經》，圖中道士閉目西向，存兩目中出青氣，心中出赤氣，臍下出黃氣，于是三氣相繞，以灌一身，須臾內外通徹，覺如光火之狀。

往大宇宙中執事。唐代道士司馬承禎《天隱子》釋『存想』說：『存謂存我之神，想謂想我之身。』也是指閉目靜思身中諸神的存在和顯現的修煉之術。道教所謂守一存真，乃能通神，這是對道士修行的要求，說明修行存想是通神的重要方法。(見圖十三)。

存想作為內在的功修，廣泛用於道教法術的各個方面，在齋醮活動中更離不開存想。道教認為，建醮不懂存想，無法溝通人神世界，齋醮的目的就不能達到，齋醮也就失去意義。在各種齋醮科儀中，存想都是主壇法師與神交通的主要手段。在醮儀的許多環節，法師都要運用存想：

化壇存想。齋醮必須建壇，壇場可以欄界定，並設神像、靈幡諸法器，但此布置仍是外在的、凡間的，而通過法師的存想，却可使凡間之壇變為神靈之境，此存想過程，道教科儀稱為『化壇』，即將凡境化成仙境。

《靈寶玉鑑》卷十二記載敕壇存思法說：敕壇之法，先在醮壇東南地户上安水劍，道教以地户為天地之炁初生，凡物之類出入之處。然後法師具壇簡至地户，冥目存想經、籍、度三師在西面。接着存想上仙蔽身大將軍唐宏，戴朱陽赤幘通天大冠，絳章丹衣，右執龍頭玉劍，左持金符。又存想上仙隱影大將軍葛雍，戴朱陽青幘通天大冠，絳紈丹衣，手持玉戟。存想上神藏形大將軍周武，戴朱陽赤幘通天之冠，絳章丹衣，手執玉陽之節。存想有真官，穿絳衣，乘九鳳。法師步破穢斗，存想北斗七星履已頭上，頭柄指前，不得遮耳目。然後法師握固、掐訣，先後存想肝心二炁，化形出立於前；肺腎二炁，化形出立於後。最後存想諸神復化真炁，再還兆身中。經此存想化壇過程，醮壇即成為神壇。

齋醮法事開始，在啟堂、入戶、上香後，臨壇法師又有一存想科儀。杜光庭《太上黃籙齋儀》在每段科儀開始時，都有『各禮師存念如法』這一程式。法師存想的內容是：

> 存見太上三尊，乘空下降，左右龍虎，千乘萬騎，三界尊靈，羣真侍衛，羅列在座，乃爲弟子奏陳齋意。次思經師侍太上之右，心拜三過，願師得仙道，我身陞度。次思籍師，次思度師，願念如初夜法。次思青雲之氣，匝滿齋堂，青龍獅子，備守前後，仙童玉女，天仙、地仙、飛仙，日月星宿，五帝兵馬，九億萬騎，監齋直事，三界官屬，羅列左右。次思青炁從師肝中出，如雲之昇，青龍獅子在青炁中，天仙、地仙、飛仙，五方五帝兵馬，匝覆齋主家大小之身。又思五臟五嶽，如初夜法。
>
> （《太上黃籙齋儀》卷一）

以上是太上黃籙齋第一日清旦行道儀的存思。道教齋醮道場法事，有早、午、晚三朝科儀，早朝三清，午朝玉皇，晚朝青玄。清旦行道儀屬早朝，在寅時（早三點到五點）舉行。

法師首先存想太上三尊，即玉清元始天尊，上清靈寶天尊，太清道德天尊，此三尊又稱為三清。經法師一番存想，太上三尊率千乘萬騎下降，傾聽法師稟奏建齋度亡之事，又有衆仙兵馬神靈，降附於齋主家人之身，有衆神相助，法事可望如儀進行，這就是存想通神之效用。

午朝和晚朝，法師仍先存想太上三尊，再存想經、籍、度三師，然後發願令，願三師上登高仙，為齋主（弟子）開度七祖父母，早登天堂，齋主名入仙籍，永為真人。以下存想內容，就略有不同，據《道門通教必用集》卷九說：

正中午時，當思赤氣從心而出，如雲之昇，匝繞壇殿，朱雀白鶴，備守前後，仙童玉女，天仙地仙，日月星宿，五帝兵馬，監齋直事，三界官屬，羅列左右，以雲氣覆弟子居宅大小之身。

入夜戌時，當思白氣從肺而出，如雲之昇，匝繞壇殿，白虎麒麟，備守四方，仙童玉女，天仙地仙，日月星宿，五帝兵馬，監齋直事，三界官屬，羅列左右，以雲氣覆弟子居宅大小之身。

又思五星五岳五帝，備守身形，五藏之氣，仰昇紛錯，冠覆一身，如在煙霧之中，金華映蓋，體作金色，先從肺出頂，後有圓光如日之象，照明十方，身中了然，盡見內外，然後修行妙觀，洞入虛玄。

五藏即五臟，指人身中心、肝、脾、肺、腎五臟腑。道教認為：神藏於心，魂藏於肝、志藏於脾、魄藏於肺，精藏於腎；五臟各有神守，心神稱丹元，肺神稱皓華，肝神稱龍裡，脾神稱常在，腎神稱玄冥。

此存想的最後一道程序，是存想體外的五星五嶽五帝之神與身中五臟之神氣相匯，仰昇紛錯，融貫全身，圖十三即是存想後，身中金色之氣從肺出頂的情形。

以上就是『各禮師存念如法』的內容，在各種齋醮科儀中，幾乎都有此存想程式。

按《太上黃籙齋儀》的舉行程式，在各禮師存念如法後，是衛靈咒，鳴法鼓二十四通，發爐、長跪，鳴法鼓二十四通，出官。出官是法師呼出身中吏兵，以向上天奏表。法師在出官時，又伴隨有存想，《道門通教必用集》記法師出官存想內容說：

臨目（微開兩目），先存三清在頂，道德衆尊皆會於前，青龍、白虎、朱雀、玄武在左右前後，已身長丈餘，遍體作金華之色。囟門朱户闢開於頂上，真官吏兵皆從頂門出：虎賁將軍在鼻，天丁力士在肩，狼吏在頸，直使在兩頰，天騶在兩臂，甲卒在手指，察奸鈎騎在腹，三將軍在心，科車赤符在臍，三官僕射在胃，罡風騎置在膝，驛馬上章在脛，收氣諸吏在背，二十四骨社邑君青衣在前，直使功曹，擎持章桉，一一分明。然後開目啓事畢，叩齒三通，咽液三過。

（《道門通教必用集》卷九》）

法師先存想體外三清尊神降臨頭頂，再存想體內真官吏兵從頭頂門而出，分佈體外各部位，此時人神之間已經溝通，法師即可稟告請願內容。有趣的是，這種存想場景，很像人間宮廷，三清尊神高居於上，法師與衆宮吏兵俯伏於下，畢恭畢敬地向三清尊神稟告奏事，這與人間羣臣朝見君王的儀式，幾乎毫無二致。（參見圖十四）

與此相類，醮儀中有一種捲簾儀，就是存想天帝降臨醮壇，坐天庭，捲珠簾，千真集靈臺，衆聖悉臨軒，完全是人間宮廷陞殿議事的氣派！

在道教的上章儀禮中，章表上達天庭，也靠存想來完成。《赤松子章歷》載上章存想過程說：法師在章案前伏地，存想赤紅炁從己心中出，上昇天庭，經百里，見日月黄道，過黄道五、六里，遥見紫雲隱約，到紫雲中即見天門。法師命諸侍衛留守天門之外，唯與周將軍（周武）及直使功曹、傳章玉童擎章表至闕門之下，向西謁見正一三天法師張道陵，稟告上章之事。即與天師從鳳凰閣門入宮，須臾，一仙童出殿，從傳章玉童手中接章表入殿，頃刻復出，引諸人入殿謁見太上，太上着九色雲霞之帔，戴九德之冠，高坐殿上，左右有二玄真人侍衛，太一神將章表送呈太上，太上閱章表後，太一神秉承太上旨意，在章表上署太清之

圖十四　存想圖

號，然後一仙童收章表於右陛。上章結束，法師拜辭太上，出門，又拜辭天師，然後同奏章真官返回人間奏章之所。存想結束，法師起立，宣稱章表已上奏太上。這種上章存想，實際是人間宮廷大臣上章奏表的翻版。

在齋醮儀式中，法師每存想一神，都要誦念咒訣。如法師在存想三師時，即要誦禮師訣，程序如下：

法師先存經師形相名諱，心禮三拜，念咒：

願師得仙道，上登高靈，爲我超拔，一切皆成道真，我身昇度。

次存籍師形相名諱，心禮三拜，念咒：

願師得飛仙，上登高真，爲我開度，七祖父母，早生天堂，我得真道，昇入無形。

存真師形相名諱，心禮三拜，念咒：

願師得昇度，上登高仙，爲我開度，五苦八難，名入仙籍，永爲真人。（《靈寶玉鑑》卷一三）

道教的存想，是對神仙世界的又一種追求形式。它的宗教意義是：經法師的存想，醮壇化為神仙境界的三清聖境，成為真實的神聖淨壇，法師的步、訣、念、唱，也儼然是與神的真實交通。

（三）法樂詞章

1、步虛聲韻

道教齋醮科儀，除上所述頌偈祝咒、步罡踏斗、存想通神、叩齒掐訣諸法外，還需有音樂配合，以烘托醮壇氣氛，樂神娛人。

齋醮活動中使用的科儀音樂，其淵源可追溯至先秦時期的巫舞巫風。《尚書·伊訓》說：『恒舞於宮，酣歌於室，時謂巫風。』古代的巫以歌舞事神，凡巫必善歌舞，用以降神娛神，巫覡的祭祀音樂即由此產生。

早期道教齋誦經用直誦，北魏神瑞二年（四一五年），嵩山道士寇謙之撰《雲中音誦新科之誡》，改直誦為音誦，從此齋醮儀事中加入了經韻音樂，道教音樂自此產生。

唐代齋醮科儀漸趨豐富，齋醮法事頻繁舉行，促進了齋醮音樂的發展。開元九年（七二一年），唐玄宗命道士司馬承禎制《玄真道曲》，茅山道士李會元制《大羅天曲》，工部侍郎賀知章制《紫清道曲》、《上聖道曲》。

開元二十九年（七四一年），在長安大寧坊新建成太清宮，內設御齋院和公卿齋院，皇室公卿醮即在太清宮舉行。為太清宮齋醮法事，太常卿韋縚制作《景雲》、《九真》、《紫極》、《小長壽》、《承天》、《順天樂》六曲仙樂。唐玄宗興緻大發，親制《霓裳羽衣曲》、《紫微八卦舞》，作為太清宮醮壇樂舞。

《霓裳羽衣曲》用琵琶、箏、箜篌、拍板、羯鼓、答臘鼓、毛員鼓、橫笛、排簫等樂器演奏，成為最負盛名的道教仙樂。唐代詩人白居易《池上篇》序說聽合奏《霓裳》散曲，『聲隨風飄，或凝或散，悠揚於竹煙波月之間者久之。』

白居易《臥聽法曲霓裳》詩說：

金磬玉笙調已久，牙牀角枕睡常遲。
朦朧閒夢初成後，宛轉柔聲入破時。

樂可理心應不謬，酒能陶性信無疑。
起嘗殘酌聽餘曲，斜背銀缸半下帷。

（《全唐詩》卷四四九）

天寶十年（七一五年），唐玄宗在內道場親授道士步虛聲韻，道士元辨上《謝親教道士步虛聲韻表》說：

伏見陛下，親教道士步虛及諸聲讚，以至明之獨覽，斷歷代之傳疑。……平上去入，則備體於正聲；吟諷抑揚，則宛仍於舊韻。使咏之者審分明之旨，聞之者無僞舛之言。妙協鈞天，克諧仙唱。

（《全唐文》卷九二八）

有皇帝的參與和倡行，齋醮音樂盛行於世。唐代長安四十三座道觀，高道薈萃，步虛音聲不絕，唐代詩人許渾《宿咸宜觀》詩，述聽長安咸宜觀齋醮步虛音聲說：

羽袖飄飄杳夜風，
翠幢歸殿玉壇空。

步虛聲盡天未曉，
露壓桃花月滿宮。（《全唐詩》卷五三八）

敦煌壁畫中的《唐人仙樂圖》，摹畫的就是唐代道教音樂的演奏場景。在《敦煌曲子詞》，收有一首《仙境美》道曲，其詞說：

仙境美，滿洞桃花淥水。
寶殿瓊樓霞閣翠，六銖常掛體。
悶即天宮遊戲，滿酌瓊漿任醉。
誰羨浮生榮與貴，臨風看即是。

這是唐代敦煌道士用民間曲子詞制作的道曲，說明唐代齋醮音樂已開始吸收民間音樂的營養。

北宋都城開封，成為宋代道教中心，齋醮法事，頻繁舉行，以宋真宗和宋徽宗時最盛。宋真宗曾親制齋醮敬神樂章，在玉清昭應宮、景靈宮醮壇使用。宋代宮廷專設演奏道樂的法曲部，逢道教節日即在宮中演奏。政和四年（一一一四年），宋徽宗詔諸路監司，每路挑選宮觀道士十人，遣發上京，赴左右街道籙院講習科道聲讚規儀，待習熟遣還本處。這次全國性的齋醮音樂大培訓，產生出齋醮音樂範本——《玉音法事》。

《玉音法事》分上、中、下三卷，收録唐宋道曲五十首，是最早的齋醮音樂經韻譜集，它使用的曲線譜，至今未能解讀。

《玉音法事》卷下選載宋代祈福消災齋法和超度亡靈的黄籙齋法等法事儀式及道詞，應是在道籙院演習齋醮法事的範本。卷上卷中集醮儀中使用的讚、頌、詞、章、樂等道詞及曲譜。

《玉音法事》收有宋真宗御制玉清昭應宮散花詞十首，宋徽宗御制玉清樂、上清樂、太清樂、白鶴詞、散花詞、步虛詞各十首。此舉宋真宗《散花詞》二首：

崑丘絶頂有龜臺，臺上奇花四序開。
不是羣仙朝玉帝，何由得到世間來。

仙官真侶往還頻，互看蓬萊閬苑春。
每來芳花朝上帝，願均福地及生民。

宋徽宗《太清樂》二首：

金闕明光後聖君，流精煥彩結丹雲。
不因太上相傳授，安得人間有玉文。

元景巖巒聳太空，超超仙室在霞中。
九雲變化俄離合，羽駕飄飄不可窮。

《玉音法事》的道詞，配上曲譜，在醮壇儀式中，法師們即在仙樂伴奏中唱誦唱詞，這就是音誦。從《玉音法事》所收道詞及曲線譜，可知宋代齋醮音樂已相當完備。《玉音法事》編成後，宋徽宗命頒送全國宮觀，至此，齋醮音樂有了統一的範本。

明洪武十一年（一三七八年），朱元璋在南京建神樂觀，設提點、知觀、負責培訓道童，以充任宮廷齋醮祭祀的樂舞生。明田藝蘅《留青日札摘抄》說：

我朝祭祀讚禮者，太常寺之道士。奏樂者，神樂觀之道士。

神樂觀是專司國祭的道樂團，樂舞生全是道士。洪武十五年（一三八二年），朱元璋又敕命編成《大明御制玄教樂章》。該樂章包括《醮壇讚咏樂章》、《洪恩靈濟真君樂章》、《大明御制天尊（玄天上帝）詞曲》三部分。《醮壇讚咏樂章》有迎鳳輦、天下樂、聖賢記、青天歌、迎仙客、步步高、醉仙喜等曲調，並記有工尺譜。《大明御制玄教樂章》共載有十四首道曲，道曲的章法結構，音樂旋律，唱誦形式，都具有宮廷祭祀雅樂特色。

明代皇帝熱衷齋醮，宮中建齋設醮，月無虛日，齋醮音樂即演奏此御制樂章。

步虛，又稱步虛聲、步虛詞，是道士齋醮時在音樂伴奏下的唱詞，內容是對神的讚頌和祈禱。步虛的旋律宛如衆仙縹緲，步行虛空，故得名步虛聲，唐吳兢《樂府古題解》說：

步虛詞，道家曲也，備言衆仙縹緲輕舉之美。

步虛的產生，據劉宋劉敬叔《異苑》說：『陳思王（曹植）遊山，忽聞空裏誦經聲，清遠遒亮。解音者則而寫之，為神仙聲。道士效之，作步虛聲。』從這段頗富傳奇色彩的記載，可知步虛始於曹魏時期。步虛產生後，即用於齋醮儀式，劉宋陸修静《太上洞玄靈寶授度儀》載該科儀程式說：

禮十方畢，師起巡行，咏《步虛辭》，辭若干首，皆五言詩。即太上玉京山步虛之章，又稱《空洞步虛章》。出《洞玄靈寶玉京山步虛經》。

道教認為：玄都玉京山是太上無極虛皇大道君所居之處，是高仙之玄都，諸天大聖、高仙真人，各持齋奉法，朝太上虛皇於此。醮儀中多要禮玉京山。故玉京山步虛詞是流傳最久、使用最多的步虛詞，《玉音法事》、《道門通教必用集》、《無上黃籙大齋立成儀》等許多科儀經典都有收録。此玉京山步虛詞，又稱《空洞步虛章》，共有十首，玆引録如下：

稽首禮太上，燒香歸虛無。
流明隨我回，法輪亦三周。
玄願四大興，靈慶及王侯。
七祖生天堂，煌煌耀景敷。
嘯歌觀太漠，天樂適我娛。
齊馨無上德，下仙不與儔。
妙想朗玄覺，詵詵巡虛遊。

旋行躡雲綱。乘虛步玄紀。
吟咏帝一尊，百關自調理。
俯命八海童，仰携高仙子。
諸天散香花，簫然靈風起。
宿願定命根，故致標高擬。
歡樂太上前，萬劫猶未始。

嵯峨玄都山，十方宗皇一。
迢迢天寶臺，光明焰流日。
煒煒玉林華，倩燦曜朱實。
常念餐玄精，煉液固形質。
金光散紫微，窈窕大乘逸。

俯仰存太上，華景秀丹田。
左顧提鬱儀，右眄携結璘。
六度冠梵行，道德隨日新。

宿命積福應，聞經若至親。
天挺超世才，樂誦希微篇。
沖虛太和氣，吐納流霞津。
胎息靜百關，寥寥究三便。
泥丸洞明景，遂成金華仙。
魔王敬受事，故能朝諸天。
皆從齋戒起，累功結宿緣。
飛行凌太虛，提携高上仙。

控轡適十方，旋憩玄景阿。
仰觀劫刃臺，俯眄紫雲羅。
逍遙太上京，相與坐蓮花。
積學爲真人，恬然榮衛和。
永享無期壽，萬春奚足多。

大道師玄寂，昇仙友無英。

公子度靈符，太一捧洞章。
舍利耀金姿，龍駕欻來迎。
天尊盼雲輦，飄飄乘虛翔。
香華若飛雪，紛靄茂玄梁。

頭腦禮金闕，携用遨玉京。
騫樹圓景園，煥爛七寶林。
天獸三百名，獅子巨萬尋。
飛龍躑躅鳴，神鳳應節吟。
靈風扇奇花，清香散人襟。
自無高仙才，焉能耽此心。

嚴我九龍駕，乘虛以逍遥。
八天如指掌，六合何足遼。
衆仙誦洞玄，太上唱清謡。
香花隨風散，玉音成紫霄。

五苦一時迸，八難順經寥。
妙哉靈寶囿，興此大法橋。

天真帝一宫，藹藹冠曜靈。
流煥法輪綱，旋空入無形。
虚皇拊雲璈，衆真誦洞經。
高仙凛乎贊，彌劫保利貞。

至真無所待，時或轡飛龍。
長齋會玄都，鳴玉扣瓊鐘。
十華諸仙集，紫烟結成宫。
寶蓋羅太上，真人把芙蓉。
散花陳我願，握節征魔王。
法鼓會羣仙，靈唱靡不同。
無可無不可，思與希微通。

（《無上黄籙大齋立成儀》卷三四）

此步虛詞最早見於劉宋道經《洞玄靈寶玉京山步虛經》，該經傳說是太極真人傳左仙公，其詞是高仙上聖朝玄都玉京飛巡虛空所諷咏，故稱步虛。玉京山在三清天之上，大羅天中，上有玉京金闕、七寶玄臺、紫微上宮，諸天仙聖一月三朝無極虛皇天尊，旋繞七寶玄臺三週，誦咏《空洞步虛章》。齋醮儀式中多朝禮玉京山的程式，法師步虛，邊咏唱邊燒香，就是效法諸天仙聖邊誦咏邊旋繞七寶玄臺的情景。齋醮儀式中的步虛音樂舒緩悠揚，縹緲優美，正適合道士在繞壇、穿行中誦唱。

步虛詞一般是五言，至唐宋時已成為一種特殊的詩體。唐初編《藝文類聚》，列舉北周庾信撰步虛詞多首，作為步虛代表作。帝王、文士都有步虛詞傳世，唐玄宗曾在內道場親教道士步虛聲韻，宋徽宗曾親制步虛樂章。步虛音樂，最具仙樂之神韻，歷代頗受稱譽。唐代詩人張籍《送吴煉師歸王屋》詩曰：

卻到瑤壇上頭宿，應聞空裏步虛聲

（《全唐詩》卷三八五）

殷堯恭《府試中元觀道流步虛》詩：

上界秋光静，中元夜景清。
星辰朝帝處，鸞鶴步虛聲。

（《全唐詩》卷四七二）

明許宗魯觀武當山道士齋醮步虛，有感寫下步虛詞詩二首：

空山秋夜月華明，獨上瑶臺望玉京。
三十六宫河漢秒，雲璈仙磬步虛聲。

玁玁玄風吹羽衣，紫壇瑶草露華肥。
道人無限清虛樂，高唱雲謡入翠微。

（《武當山詩集》第二一一頁）

2、醮壇道樂

金元全真道興起後，為適應全真清修科儀法事的需要，形成了獨具特點的全真齋醮音樂，全真音樂清遠遒亮，虛空玄妙，古樸典雅，具有濃厚的殿堂氣息。中國道協副秘書長、張天師六十五代後裔張繼禹道長有詩讚全真道樂：

悠雅縹緲迎仙真，
古樸肅穆安鬼神。
方寸也緣仙曲定，
餓鬼孤魂自超昇。

全真齋音樂在應用上側重修持，風格上較為收斂。全真經韻分十方韻和地方韻，《道藏輯要》收錄的《全真正韻》，就是全國十方叢林通用的十方韻。其中的步虛韻、澄清韻、仙家樂、白鶴飛、雲樂歌、大讚、小讚、三寶香等樂曲，旋律舒緩流暢，古樸典雅，頗能體現出清淨無為、不染塵世的意境，具有高度的藝術內涵。

全真地方韻係吸取各地民間樂曲營養而形成的具有地方特色的全真道樂。如飄飄欲仙的嶗山韻，如頌如訴的東北韻，細膩含蓄的四川廣成韻，具有濃郁北方氣息的北京韻，獨具宮廷古韻、兼融南北風格的武當韻，以及河南的應奉韻，陝西、雲南、浙江的地方韻。這些既有濃郁的鄉土氣息，地方風格，又頗具超凡脱俗特點的仙樂神韻，組成了全真道日常課誦修持、讚頌尊神祖師、祈福禳災延生、施食薦亡度幽等法事的音樂體系。

《全真正韻》是傳世的一部附有譜式的經韻集，共輯録全真經韻五十六首。該書採用『當請』記譜法，即在經文旁側標明『當』、『請』、『魚』，作為誦唱時敲擊法器的記號。《道藏輯要》收録的《全真正韻》没有曲譜，該曲譜歷來靠師徒口傳心授，故未學經韻者無法照本誦唱。

時至今日，能完整誦唱《全真正韻》的道人已屈指可數。當代著名高道閔智亭，一九二四年即入道，師從著名高功趙理忠道長學習全真經韻，趙理忠又師承光緒年間陝西著名高功穆大師，故閔智亭道長是當今得全真經韻真傳之人。一九九〇重陽節之際，在武漢音樂學院道教音樂研究室學者協助下，閔智亭回憶誦唱了全真正韻五十三首，及另外十五首全真經韻，經録音，記譜，整理成標有簡譜的《全真正韻譜輯》一書出版，使全真經韻得傳諸後世。

正一道齋醮音樂産生於龍虎山。由於歷史上正一道主要在江南地區活動，故正一齋醮音樂較多吸收了江南民歌、曲藝、戲曲的成份，道樂演奏也採用江南絲竹管弦樂器。中國民間器樂曲中著名的『江南絲竹』，流行於江蘇、上海、浙江一帶，而演奏江南絲竹的高手，則多是道士。

正一道齋醮音樂中影響最大的是天師府道樂、蘇州道樂、茅山道樂等流派。

天師府道樂吸取江西民間音樂與江南絲竹、蘇南吹打等民樂精華，經過『道化』，形成了上清韻、弋陽韻、牌子曲等獨具特色的天師府道樂。在齋醮科儀法事中，天師府道樂有獨唱、齊唱、吟誦、鼓樂、吹管弦索樂等唱奏形式，與主壇高功的演禮動作相配合，打擊樂器與笙、簫、笛、二胡、三弦、琵琶等器樂的演奏，靈活地作裝飾、加花、變奏、輪迴、反覆等技術處理，以烘托醮壇氣氛。

蘇州玄妙觀始建於西晉咸寧二年（二七六年），明清至近現代是江南正一道的著名宮觀。玄妙觀科儀音樂在江南素負盛名，清嘉慶四年（一七九九年），玄妙觀道士曹希聖整理編輯的《鈞天妙樂》、《古韻成規》、《霓裳雅韻》等曲譜，就是蘇州道樂的代表作。蘇州玄妙觀道樂自成體系，從清代、民國至今，傳承不絕。

茅山至齊梁時陶弘景開創茅山宗後，歷唐宋元明清各朝，茅山齋醮法事都興盛於世，茅山醮壇道樂亦十分著名。明代茅山舉行國醮的道樂隊陣容齊整，有唱念二十二名，內壇奏樂十五名，外壇奏樂十五名，樂器有鐘、磬、鼓、雲鑼、笙、笛、管、札、板等，其規模氣勢，可想見其時齋醮壇場之宏大，明代文士有詩咏讚茅山道樂：

雲璈聲裏天燈近，知是三真謁帝回。
清吟未徹金鐘奏，催上朝元午夜香。

（笪蟾光《茅山誌》卷三一）

以玄妙觀為中心的蘇州道樂，最具江南正一道齋醮音樂特點。僅所用法器樂具，就有鼓、曲笛、笙、簫、阮、雲鑼、大鑼、小鑼、嗩吶、板胡、二胡、中胡、長招軍等。一九五六年編輯的《蘇州道教藝術集》，就收録蘇州道教科儀歷代演習的笛曲共九十六首。

蘇州齋醮科儀的早朝、午朝、晚朝、表朝、開壇、解壇、散壇、超度、祈禱等法事，都有獨唱、吟唱、齊唱、鼓樂、吹打樂、器樂合奏等道樂相配合。隨着法師供香、步罡、繞壇、朝拜的演禮動作，不同形式的道樂演奏，充分烘托出醮壇的宗教氣氛；或表現出召神遣將、氣勢磅礴的場面；或表現出鎮邪壓魔、劍拔弩張的聲勢；或表現企盼風調雨順、求福祈願的心情；或表現清靜無為、神仙縹緲的意境。

現在北京白雲觀的齋醮音樂，在當代中國道教中最具代表性。白雲觀齋醮科儀分陽事與陰事兩大類。陽事即清醮，用以祈福謝恩、祛病延壽、祝國迎祥、祈晴禱雨、解厄禳災、祝壽慶賀等，陰事即幽醮，用以攝召亡魂、淋浴渡橋、破獄破湖、煉度施食等。

以幽醮中的煉度施食法事音樂運用為例。白雲觀按《薩祖鐵罐煉度施食》科儀本建醮，時間約四至五小時。臨壇道士需二十六至三十名：高功、提科、表白各一名，經師十六或十八名，主科儀唱頌並兼奏打擊樂，另八或十名經師演奏管弦樂，執香一至二人。除臨壇主醮的經主（高功、提科、表白）三人和執香者外，大部分臨壇道士是聲樂和器樂的唱奏者。從此醮壇經師配置，就可知醮壇音樂的重要作用。

在法事進行過程中，除念白、衆誦、口白、吟誦無音樂伴奏外，大部分科儀程式，都有音樂配合。如高功步虛，衆經師合唱，有器樂伴奏；高功嘆文時，有經師獨唱，拉弦樂伴奏；高功提綱時，有法師無伴奏的吟唱。內容豐富，曲目繁多的施食科儀，實際上是獨唱、合唱、散板式吟唱、鼓樂、吹打樂、器樂合奏、念白和誦經等按儀式的綜合表演，而其中僅念白、誦經時無音樂伴奏。

念白、誦經統稱表白，指科儀中的念經誦文部分。

念　用讀書的聲調念讀疏文、表文、意文、榜文。

白　高聲念白，聲調有抑揚頓挫，强弱高低，常用於經文的念白。

誦　按一定節奏念白，以口語性和吟誦性為特徵，段末句首常用拖腔。

施食科儀中的音樂，分聲樂和器樂。聲樂又分吟頌和讚詠，器樂又分器樂曲、過曲型韻腔、韻腔伴奏。

聲樂部分由經師演唱，曲目有《步虛》、《舉天尊》、《吊掛》、《提綱》、《咽喉咒》、《天尊板》、《三皈依》、《仰啟咒》、《黃籙齋》、《破地獄咒》、《二十四類》、《柳枝雨》、《返魂香》、《梅花引》、《嘆文》、《嘆骷髏》等。樂曲多短小精悍，歌詞多為五言四句，有的曲目有多段詞，不斷反覆。

聲樂曲目的演唱方式分吟頌和讚咏。

吟頌　多為不加伴奏的自由式吟唱，旋律簡單，音域狹窄，音樂格律一腔到底，如《生天寶籙》、《提綱》等曲目即用吟頌方式表演。

讚咏　施食科儀中有較多使用，讚咏的旋律優美動聽，韻腔自然流暢。科儀中用讚咏的曲目有《慈尊讚》、《小讚韻》、《香花送》、《五供養》、《天尊板》、《三信禮》、《五召請》、《黄籙齋》、《慢澄清》、《悲嘆韻》、《快中稱》、《大救苦引》、《小救苦引》、《破豐都咒》等。如《小籙韻》唱詞是：

誦經功德不可思，
諸天諸地轉靈機。
皇天壽天齊大道，
慈悲萬化樂雍熙。

器樂由八或十名經師專門演奏，表現形式分器樂曲、過曲型韻腔、韻腔伴奏。

器樂曲　在施食科儀的開壇和閉壇時用器樂曲，如開壇時的《引子》、閉壇時的《十方板》。

過曲型韻腔　用於間奏的短小器樂曲，在喚天尊，提示經文，聯接韻腔，預示某段表白、韻腔的開始和結束，或步罡變換時使用。過曲型韻腔使用頻繁，曲目有《舉天尊》、《剎板》等。

韻腔伴奏　形式有器樂合奏伴奏、拉弦樂伴奏、吹打樂伴奏和鼓樂伴奏。器樂合奏伴奏在科儀中運用最多，高功嘆文時有拉弦樂伴奏，韻腔演唱很有板眼，頗具特色。《破地獄咒》、《快中稱》曲目用打擊樂伴奏，氣氛熱烈。施食科儀中的焚符則用器樂伴奏。

現白雲觀舉行施食科儀時，常用的打擊樂有鐺、鈫、鈴、鑼、鼓、鐃、鈸、磬、提鐘、引磬、木魚，吹管拉弦樂器有二胡（二把）、中胡、琵琶、阮、三弦、笛子、笙、簫、嗩吶。個別經師兼奏兩種樂器。

一場四至五小時的施食科儀，實際是按《薩祖鐵罐煉度施食》經本，向信衆進行的一場宗教儀式表演。施食科儀在晚上進行，整場科儀音樂體現出慰藉和超度的意蘊，悲怨的曲調用以表現亡靈對神的祈求。如《咽喉咒》（又名《豐都咒》）的唱詞是：

茫茫豐都中，重重金剛山。
靈寶無量光，洞照炎池煩。
七祖諸幽魂，身隨香雲幡。

定慧生蓮花，上昇神永安。
功德金色光，暉暉開幽暗。
華池流真香，蓮蓋隨雲浮。
千靈重元和，常居十二樓。
急宣靈寶旨，自在天堂遊。

寒庭多悲苦，回首禮元皇。
女青靈寶符，中山真帝書。
一念昇太清，默念觀太無。
功德九幽下，旋旋生紫虛。

（《全真正韻譜輯》）

3、青詞綠章

九州生氣恃風雷，萬馬齊喑究可哀。
我勸天公重抖擻，不拘一格降人才。

這是清代龔自珍在鎮江觀賽玉皇儀式，為道士撰寫一首著名詩體青詞。青詞，又稱青辭，亦名綠章，是道教齋醮時獻給天神的奏章祝文。齋醮儀式使用奏章由來已久，但稱奏章祝文為青詞，始見於唐。唐李肇《翰林誌》說：

凡太清宮道觀薦告詞文，用青藤紙朱字，謂之青詞。

李肇是唐憲宗元和年間的翰林學士，《翰林誌》成書於元和十四年（八一九年）。長安太清宮，建成於天寶初年，內供奉玄元皇帝（老子）和唐高祖、唐太宗、唐高宗、唐中宗、唐睿宗五帝，是唐皇室的家廟，太清宮舉行齋醮的詞文，專用青藤紙書寫，時稱為青詞。此後青詞流傳於世。概指齋醮時的奏章祝文，則無論是否用青藤紙書寫。

中唐詩人李賀（七九〇——八一六年），曾為吳道士夜醮作一詩體青詞，題為《綠章封事》，詞文是：

青霓扣額呼宮神，鴻龍玉狗開天門。
石榴花發滿溪津，溪女洗花染白雲。

綠章封事諮元父，六街馬蹄浩無主。
虛空風氣不清冷，短衣小冠作塵土。
金家香巷千輪鳴，揚雄秋室無俗聲。
願攜漢戟招書鬼，休令恨骨填蒿裏。

（《全唐詩》卷三九〇）

這是傳世的一首較早的青詞。白居易任翰林學士時，曾代唐憲宗撰《季冬薦獻太清宮詞文》，即是一首青詞。翰林學士吳融代唐昭宗撰《上元青詞》，詞文說：

維光化四年（九〇一年），歲次辛酉，正月乙酉，朔十五日己亥。皇帝臣稽首大聖祖高上大道金闕玄元天皇大帝。伏以時當獻歲。節及上元，爰命香火道人，煙霞志士，按科儀於金闕，陳齋醮於道場。伏願大鼓真風，潛垂道蔭。俾從反正，永保無虞。四海九州，干戈偃戢；東皋南畝，皆獲豐登。冀與兆人，同臻介福。謹詞。

（《全唐文》卷八二〇）

宋代青詞已十分盛行。宋程大昌《演繁露》說：

今世上自人主，下至臣庶，用道家科儀奏事於天帝者，皆青藤紙朱字，名爲青詞綠章，即青詞，謂以綠紙爲表章也。

宋代文士，多有青詞傳世。如北宋文士蘇軾撰十首青詞，夏竦撰二十七首青詞，王安石撰二十六首青詞，胡宿撰一百二十五首青詞。胡宿是宋仁宗朝翰林學士，他所撰寫的一百二十五首青詞中，按道場分類有：祝聖壽道場青詞、祝聖壽金籙道場青詞、祝聖壽靈寶道場青詞、皇帝生辰道場青詞、皇后生辰青詞、太一道場青詞、天慶節道場青詞、奏告天地社稷青詞、奏告太廟七室青詞、奏告在京諸神青詞、奏告南郊青詞、羅天大醮青詞、拜章祈嗣迎祥青詞、催生道場青詞、迎福道場青詞、祈雨青詞、謝雨青詞、祈晴青詞、謝晴青詞、謝雪道場青詞、祈福青詞、奏告諸陵青詞、上元節道場青詞、先天節道場青詞、中元節道場青詞、奉安御客奏告青詞、上梁祭告青詞、立春青詞、太社青詞、罷散青詞，等等……這些為皇室撰寫的御用青詞，典雅瞻麗，具有濃郁的宮廷韻味。如胡宿《內中保安中外設羅天大醮青詞》說：

伏以聰惟上天，重則神器。顧循寡昧，獲守成盈，每念爲君之難，弗忘恭己之慎，居常抑畏，曷敢怠皇，然而德有所未綏，明有所未燭，瞻言靈鑒，載惕沖懷。是用虔即禁庭，欽依道範，大陳醮席，廣迓真輿。伏冀三清博臨，萬靈洞照，顧回飈馭，俯降瑞壇，賜察齋衷，垂歆菲薦。

（《全宋文》卷四七〇）

胡宿《五嶽四瀆等處祈雨青詞》說：

伏以春物思育，農事待興，雨若有愆，耕者未發，兹用徼福，干以純誠，冀蒙霈然，誕濟羣品。

（《全宋文》卷四七一）

夏竦《熙陵開啟忌辰道場青詞》說：

恭以太宗削平中夏，濟世之功至大，賓天之駕難留。敢當撤樂之辰，虔即因山之域，載嚴象設，祇啓壇場，伏惟三境鑑觀，百靈拱衛。恭仗希微之教，仰資汗漫

之遊。申錫算祥，永昌嗣業。無任懇禱之至，謹詞。 （《全宋文》卷三五七）

蘇軾《集禧觀開啟祈雪道場青詞》說：

伏以麥將覆塊，雪未掩塵。嗣歲之憂，下民安訴。具嚴法令，祗欽閟宮。仰冀同雲，溥滋新臘。 （《蘇軾文集》卷四四）

民間齋醮所撰的青詞，就不似宮廷青詞之華麗。宋王楙《野客叢書》記載唯室先生撰追薦弟青詞說：

氣分父母，孰知兄弟之親；痛切肺肝，無甚死生之隔。

明代皇室齋醮最盛，朝中大臣文士爭相撰寫供奉青詞，以作為邀寵陞官之途徑。明代顧鼎臣、嚴訥、袁煒、李春芳、郭樸、嚴嵩等人，因撰寫得一手好青詞而位至宰相。明世宗自號『玄都境萬壽帝君』，內殿齋醮常年不斷，侍臣齋居西苑撰供奉青詞。明世宗養一愛猫死，命儒臣撰青詞以設醮祭祀，袁煒才思敏捷，所作青詞有『化獅作龍』語，博得世宗喜悦，恩賜豐厚。

嚴嵩善撰青詞，以詞工文美博得明世宗寵信，嘉靖二十一年（一五四二年）拜武英殿大學士，入直文淵閣，掌禮部事。後專居西苑撰青詞，世宗欽賜『忠勤敏達』銀記。嚴嵩於嘉靖二十八年（一五四九年）再任首輔時，年近七十，文思大不如前，撰寫青詞往往失旨，請他人代筆，其詞又不工，從此漸失寵。後其子嚴世蕃獲罪被斬，嚴嵩解官返鄉，憂鬱而死。

現北京白雲觀藏《玄壇要旨四六金書》，原撰者是明萬曆年間涿鹿猶龍嗣士任太寧，清光緒年間白雲觀二十代方丈高明峒補充整理。這部手書全真道青詞，修為一帙，以象一年；厘為四册，以象四時；部為十二卷，以象十二月；析為二十四品，以象二十四炁。此書目録，可概見全真齋醮青詞内容：

第一卷　報祝君道品第一

第二卷　慶賀元辰品第二

　　　　祭禮星儀品第三

　　　　禳祭九星品第四

第三卷　祈謝文移品第五

道教稱青詞為『四六金文』，因青詞多用駢體，以四六文句構成，對仗工整，文辭瞻麗。駢文盛行於兩晉南朝，隋唐時官方表章詔誥即用駢體撰寫，青詞作為獻給天神的奏章祝文，亦沿襲了官方的表奏文體。

道教青詞書寫，亦有科儀格式。《上清靈寶大法》、《靈寶玉鑑》、《道門定制》、《無上黃錄大齋立成儀》、《天皇至道太清玉册》等道經都有書寫青詞格式。

青詞須選上等青紙，紙不能有點污穿破。一幅青詞紙長一尺二寸，用小楷朱筆書寫，書字不能超過十七行，每行不拘字數，前空一掌，後空兩掌。青詞開始部分是『啟聖』，啟聖以後的正文不得超過十六句，應直述奏請事項，簡而不華，實而不蕪，不可堆砌華麗詞藻，行文以質樸為上。

書青詞當入靜室，香案上敷淨巾、朱筆、朱盞，口含妙香，閉氣書寫，一氣呵成，不得中途擱筆與他人談話。書詞時需至誠嚴潔，紙不得飛落地上，衣袖等不得沾拂詞文。書寫完畢，蓋三炁玉章，以黃紙三寸腰封，用引進狀裹青詞放入方函，方函兩頭用三天太上印，以備醮壇使用。引進狀的紙依青詞紙大小，以裏封青詞。

《無上黃籙大齋立成儀》載有一首作為範文的青詞：

維大明國某年，歲次甲子某月某朔某甲子，府州縣具官位臣姓名。謹罄丹誠，上干天聽，謹賚法信，投靈寶大法司，乞請道士一壇。就某處宮觀，取某月日，爲始開建無上黃籙大齋三日三夜，九時行道，預依次第，宣演真科，拜奏寶章，頒行符命，遷拔罪爽，開赦幽沉，燃燈續明，請光破獄，普施無礙斛食，攝召預薦亡魂，沐浴更衣，朝真聽法，傳符授戒，煉度超生，滿散拜表言功，投龍進簡，祇設清醮三百六十分位，上謝洪恩，誠惶誠恐，稽首頓首再拜，上啓太上無極大道、至真無上三十六部尊經真文寶符、太上三尊、十方衆聖、玄中大法師。臣伏以下情無任瞻天望聖。激切屏營之至。謹詞。

（《無上黃籙大齋立成儀》卷一一）

此青詞用於無上黃籙大齋壇，在壇場上法師進拜青詞一通，恭對太上御前宣讀後，即申發投送天庭。法師在壇場天門焚化青詞，以上奏天神的科儀叫青詞關，又稱發詞關。無上黃籙大齋的《發詞關》說：

無上黄籙大齋壇。

本壇今月某日，奉爲黄籙大齋主某人，崇建無上黄籙大齋。所有進拜青詞一通，已對太上御前宣讀訖，本壇用重封印全，須至關發者。

右關，某日當直功曹使者，請疾速賫捧，上詣三天門下省投進，雲程不得稽滯時刻，有所遏截，攝付天一北獄，依律治罪，有明天憲。故關。

（《無上黄籙大齋立成儀》卷一一）

金允中《上清靈寶大法》所載青詞關，與此格式大致相同，但詞由靈寶大法司發送，至三天門下投進以下的關文是：

即請使騎星飛靈車，速駕昇無極之天闕，赴合屬之官曹，火急傳馳，以時奏進。庶使精衷上達，詞悃亟通，毋致稽停，早垂玄感。故關。

（金允中《上清靈寶大法》卷二一九）

4、上章儀禮

在唐代青詞產生之前，道教齋醮時亦要向天神奏告章詞祝文，稱為上章。《隋書·經籍誌》記上章說：

又有諸消災度厄之法，依陰陽五行數術，推人年命書之。如章表之儀，並具贄幣，燒香陳讀。雲奏上天曹，請爲除厄。謂之上章。

上章作為一種救濟手段，在道教初創時期就已形成。劉宋陸修静《陸先生道門科略》說太上老君授張陵正一盟威之道，令檢示萬民逆順禍福功過；又下千二百官章文萬通，以誅符伐廟，殺鬼生人，蕩滌宇宙。

早期道教上章，主要用於消災度厄。道民遇有災厄疾病之事，即可赴天師治，請道士請神奏章，以乞恩求福。劉宋時期的道經《三天內解經》說：

疾病者，但令從年七歲有識以來，首謝所犯罪過，立諸詭儀章符救療，久病因疾醫所不能治者，歸首則差。

民有久病困疾，求醫不能治癒，而向神首過懺悔，上章通神，就可治癒。道教用於消災度厄的寶章，據説在張陵、張衡、張魯時期，共有大章三百通、小章一千二百通，章文中祈請治病消災的天宮（天神），就有一千二百名。後年代綿遠，寶章缺失，據南北朝道經《赤松子章曆》記載，時存寶章，僅十得一二，《赤松子章曆》收録的章文，計有六十七種：

天旱章，請雨得水過止雨章，卻蟲蝗鼠災食苗章，收鼠災章，收除虎災章，解咒詛章，消怪章，禳災卻禍延年拔命卻殺都章，本命謝過口啓章，飛度九厄天羅章，卻三災章，青絲拔命章，疾病醫治章，疾病困重收滅災邪拔命保護章，扶衰度厄保護章，謝土章，却虛耗鬼章，言功安宅章，斷瘟毒疫章，斷魍泉章，解天羅地網章，驛馬章，謝五墓章，謝先亡章，保胎章，催生章，小兒上光度化章，保嬰童章，斷亡人復連章，疾病謝先亡章，疾病破棺章，收除火災章，甲子丐過章，上清言功章，三五雜籙言功章，絶泰山死籍言功章，還達先亡言功章，收怪章，扶衰章，斷傷章，斷官章，大斷骨血注代命章，斷土章，拔厄章，救難章，斷墓章，斷子註章，解一身羅網章，拔墓章，拔天河章，拔三十六獄章，初化除罪章，求子章，夫妻積病療治章，產後疾病首罪乞癒章，夫妻興氣相應首過章，暴病請官一時相付章，家道坎坷絶子請宅乞祐章，宅中光怪歸命乞丐白章，疾病牒所犯移徙諸忌請官救章，疾病歸化心口有違改更乞恩章，請官收捕安作一法章，夫妻離別斷註消怪章，違犯科要首謝乞原章，憂厄困辱謝過解咎章，始覺有疾首罪乞恩章，疾病累日謝醫救治章，斷瘟疫章，請雨章，疾厄斷除鬼訟拔危保安章，解九五元辰厄會章，請晴章，解八卦元辰大厄章，退盜章，入居改易不利大小謝宅章，新居恐懼鎮宅章，虛耗光怪斷絶殃註章，解釋三曾五祖冢訟章，官私咎謫死病相連斷五墓殃註章，數夢亡人混涉消墓註章，宅中怪異小驅除章，喪葬後大驅除章，病死不絶銀人代形章，疾病多怪收捕故氣章，疾厄沉滯解二十四獄章，拔五獄救疾章，解五斗閉繫災絶拔命章，夢見亡人閉繫大遷達章，夢見亡人愁恨小遷達章，服滿後遷達請恩章，解咒詛章，解五方咒詛章，乞子章，銷口舌誹謗章，解厄延命章，積病忽劇急請命章，延算拔命章，靈魂魄章，度厄保護章，八方大保護章，五方生養保護章，滯疾進退解羅網章，扶衰度厄解羅網章，爲天地神祇功章，三五言功章，除太山死籍章，爲先亡言功章，三月一時言功章，三會言功章，豐都章，生死解殗洗蕩宅舍章，大醮宅章，開通道路章，拔河章，保蠶章，接算章，大冢訟章，沐浴章，解謫章，久病大厄金紫代形章，收魘夢章，爲亡人首悔贖罪解謫章，賫亡人衣物解罪謫遷達章，滅度三塗五苦煉屍受度適意更生章，出喪下葬章，新亡遷達開通道路收除土殃斷絶復連章，新亡灑宅逐卻殺章，受官拜章，臨官莅民章，受官消滅妨害章，遷臨大官章，保護戎征章。

以上章法，或為家國，或為己身，或為眷屬，或為先亡，都用以祈福禳災，保生度死。如無此災疾，不得妄求此章，否則將遭懲罰。而消災度厄，救治人物，往往又非一次上章即達目的，有時需連續上章，直至疾病痊癒為止。劉宋道經《太真科》說：

> 諸疾病，先上首犬章。不癒，即上解考章。不癒，上解先亡罪謫章。不癒，上遷達章。若沉沉，上卻殺收註鬼章。若頓困，上解禍惡厭章。不差，上解五墓謫章。不差，上扶衰度厄大章。不癒，上還魂復魄章。不癒，上安墓解五十耗害章。不癒，上安宅鎮神驅除收鬼章。不癒，上分解呂外大考章。若危急，上子午請命並卻三官死解意。若進退，上仰謝三十二天章。大危篤，上續命文貺，又拔命，又獨解復連，又五燈，又二十八宿，又分解先亡大註八十一章。（《赤松子章曆》卷二引）

如遇上章病癒後，又覆疾病，此類病情反覆之人，被認為是惡人，可不必上章救治。齋主請章須輸貺信，又稱質信、章信。如無章信，則神明不納，並會責備上章人慳鄙。

章信有米，油，席，命素，白素，繒，黃繒，絳繒，素絹，青絹，紋，青紋，紫紋，五方彩，黃布，絳巾，絹巾，衣綿，炭，蠟，鷄蛋，紙，筆墨，書刀，刀，香，朱砂，繩，芒繩，絳繩，算子，和香，果子，金環，銀環，釧子，金人，錫人等。千二百官儀，三百大章，章中各具質信。各種章需備的質信不同，《赤松子章曆》記載了各章所需質信，如解厄延命章需米九斗，油七斗，錢一百二十文，紙一百張，筆一管，墨一笏，書刀一口，香一兩，席二領。

章信依天子、王公、庶人，分為三等。

繒彩：天子用紫紋，以匹數；王公用本命色，以丈數；庶人用縵繒，以尺數。

鎮錢：天子用金錢，王公用銀錢，庶人用銅錢。

禄米：天子三石六斗，王公二石四斗，庶人一石二斗。

鎮油：天子一石二斗，王公六斗四升，庶人二斗二升。

用香：天子全斤，王公半斤，庶人三兩。

據《靈寶玉鑑》説，按道教科條，章信並非一成不變，而視齋主貧富區別，收取不同的章信，富者增之，貧者添之。如富人同貧者出一樣的章信，就是慳惜財物，上章必無益於事。如貧寒之士求請齋醮，法師可為代出部分章信，如魚雁、書刀等。上章之後，章信宜散施貧窮，以積陰德，上章法師止可用十分之三章信。

《靈玉玉鑒》著録了『正一書章四十五條令』，一至十條是書章的書寫格式，稱書章威儀法則；十一至二十五條是關於書章時的諸種科條禁忌，要求書章法師遵行；二十六至四十五條是有關書章、校章、奏章的科條，如違反錯謬，齋主為不敬，法師為不恭，致使奏文不達，疾病不癒，受災不免，齋主和法師都將受掃道路橋樑三十天的懲罰。

按正一書章法式，書章之前，法師要先齋戒沐浴，盥漱洗滌，整理衣冠。然後入靖室向天門設座焚香，叩齒咽液，心無外想，以淨巾敷章案上，法師存想青龍、白虎、朱雀、玄武侍衛前後左右。然後燒香磨墨，用香熏筆，誦念咒語：

叱咄！神筆靈靈，書章通達，臣身長生，啓奏玉清，衆邪消滅，妖精斷絶，干犯章者，北帝治罪。急急如律令！

接着，法師舉筆，上香，誦咒語：

臣請天師、嗣師、系師、女師夫人，經師籍師，功曹使者，將軍吏兵隨臣，今爲某書寫奏章，令使上御不得去離，毋令錯誤。急急如律令！

然後法師下筆，虔誠書章。書章時不得與人談話，當閉炁書章，一氣呵成，不可中途擱筆，不可脱落揩改塗註，如有誤，則換紙。不可令外人覷視及鷄犬入室。書章完後，可默校讀一遍。如章文無隱密事，可提前書寫，空留太清細銜、日時等字，臨上章之日填寫。

章案　用柏木或梓木，高一尺二寸，長一尺八寸，寬一尺二寸，每邊用足六隻，共十二隻，閏月加一足，案上開北斗七星竅。（見圖十五）

章紙　長一尺九分，每幅十二行，每行十七字，每行闊一寸二分或二寸四分。

道教早期的章詞，今存《赤松子章曆》記載的六十七種，如《疾病謝先亡章》説：

具法位。上言，謹按玄科，今據某云：但某以信向多違，招延災祟，頃者已來，怪異屢表，疾病更互，合家憂惶，録究算術。云是家先並客死之鬼，嗔責生人，恐是前後年節，祠祀飲食不精，所設微薄，爲後世禍祟所伐，乞丐太上大道君，遷達回轉，去離憂苦之處。謹爲上請保護君、護命君各五人，官將百二十人，爲某身典治鬼羣，所有疾病厄難，原赦除癒，以爲效信。恩惟太上衆真，分別求哀，臣爲某上請天官疾病謝先亡章一通，上詣太上某宮曹治（《赤松子章曆》卷四）

唐五代杜光庭集《太上宣慈助化章》，收録的章詞有道士悔謝章、道士解過章、道士遷

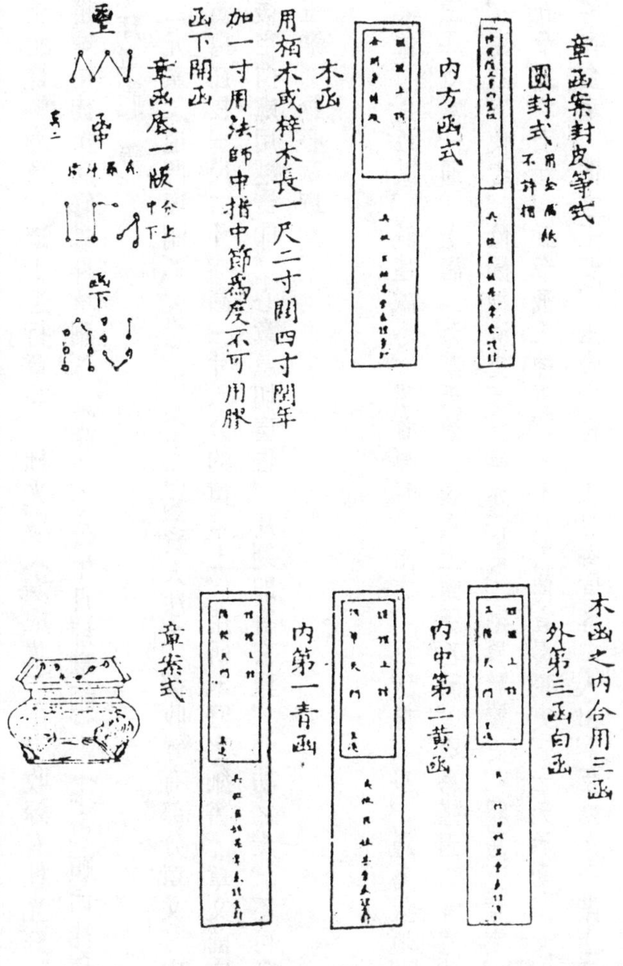
章函案封皮等式
圓封式 用金箔紙 不許摺
內方函式
木函
用栢木或梓木長一尺二寸闊四寸閏年加一寸用法師中指中節爲度不可用膠
函下開函
章函底一版 分上中下
木函之內合用三函
外第三函白函
內中第二黃函
內第一青函
章案式

圖十五　章函　章案　圓封

考章、道士犯籙解謝章、道士遠行章等。杜光庭《廣成集》中，收録有杜光庭為人撰寫的章詞，如《趙球司徒疾病修醮拜章詞》、《洋州令公生日拜章詞》、《李忠順司徒拜保護章詞》、《王讜修醮拜章詞》等。

南宋呂元素《道門規制》，金允中《上清靈寶大法》，都收録有部分章文。宋代道教有一種心章，書寫在長一尺二寸，高三寸六分的黄素上，用研朱密字細書。章文前空白處用黄神印，章文後空白處用越章印。心章急切奏告，片刻即有玄報，非功之士，不可拜奏。南宋道經《靈寶玉鑑》録心章章文：

具位。臣姓某，誠惶誠恐，稽首再拜。上言，臣伏據入事，謹爲伏地，拜急速飛玄三炁心章一通，上詣三天某天曹，謹爲上請甲乙云。次爲謹因二官直使，正一功曹，左右官使者，陰陽神決吏，科車赤符吏，剛風騎置吏，驛馬上章吏，飛龍驛吏，五帝玉章玉女，五帝飛天神王，三十二天傳言奏事吏，十天承受玉女，三五功曹，侍香金童，傳言玉女，玉帝直符，直日香官各二人出，臣爲弟子某上章，上詣某天曹官，伏須告報以聞。

（《靈寶玉鑑》卷一八）

章文皆須加印，各種章印式有別。正一章用九老仙都印，又用十二小印，章文中自太玄都至太歲後背，即蓋小印。洞玄章用通章印。

齋主欲奏章，要先具辭疏，列鄉貫里號，官位姓名、年齡、並全家男女大小等，依道科賚法信，至道觀請法師書章上奏。章文內容，須質而不文，拙而不工，樸而不華，真而不偽，直而不肆，辯而不煩，弱而不穢，清而不濁，簡要輸誠，則可感天地、動鬼神，御上天曹，報應立至。

上章要選擇日時，天門閉時不可上章，否則章文不可送達上天。天門開時上章，章文才可上達天界。道教對各上章日時呈章多少亦有規定，如建日可呈章九通，除日可呈章十二通，滿日可呈章六通。在可以上章的時日中，一些日期被認為是上章吉日，上章吉日是：正月十一日，二月三日、十八日，三月七日、九日，四月十五日，五月二日、五日，六月三日、十三日，七月一日、十七日，八月二日、八日、十八日，九月九日，十月五日，十一月四日、十六日，十二月二十一日。

按道教上章儀禮，凡為國為民上章，須在上章前調運身心，令神炁泰定，沐浴七日，服五神符，誦五神咒七日，服太平符七日，服通神符。如遇立夏日，應伐棗木，雕造一丹元君神像，長三寸，廣七分，同沐浴入室，行持四十九日。然後服心章符，則通達誠意，上合天心，元氣自昇。這就是道教的上章沐浴法。

按上章沐浴法，須用桃皮、乳香、竹葉、茅香、柏香、木香、安息香等煎浴成湯，沐浴時誦念咒語：

天地開朗，四大爲常。
玄水澡穢，辟除不祥。
雙童守門，七真衛房。
靈津煉濯，萬炁混康。
内外利貞，保真上皇。（《靈寶玉鑑》卷一八）

道教上章有一套完整的禮儀，要求上章者精專誠念，恪謹禮儀。道教上章儀禮，據《靈寶玉鑑》記載，其程式如下：

（1）道衆雲集師堂，高功上香，掌禮法師引齋主上香，三拜歸位，知磬舉玉清蕩穢天尊，都講念蕩穢咒，清道法師清道灑淨。以上為清潔壇場。

（2）知磬舉全真演教天尊，章表法師二人捧章案迎出，侍爐誦華夏讚，引衆經師迎章同行至祭章所。高功上香，掌禮法師引齋主上香，三拜。知磬舉步虚法事，一法師祭章三獻。

（3）知磬舉三獻法事，詞懺宣疏，引衆經師至壇前。高功在地户上序立，灑淨、變神、步斗。高功仗劍至天門，表白隨高功至天門宣結界咒：

天門開張，鬼道消亡。
今日安壇，臣欲奏章。
西北之維，戌亥中央。
萬神於此，執戮不詳。

高功與侍職逐次至地户、人門、鬼路各方噀水、焚符、宣咒。然後歸位序立。

（4）知磬舉唱道，侍爐誦華夏引，旋繞燒香。高功至洞案三上香，入壇三拜，執手爐默咒，平身，捧章在手，存思身中五藏炁出為五色雲，靈官玉女，森列左右，天師、道德宗師、三師、諸君丈人、三將軍、太上老君及衆真現於三色雲中，然後以章付侍者歸案上。

（5）都講舉各禮師存念如法。高功宣衛靈咒。諸講舉鳴法鼓二十四通，高功發爐，都講舉重鳴法鼓。高功出官，都講舉各稱法位，高功宣拜章科，存想五體真官等從玉堂宮領萬神，皆嚴裝冠帶，騰三素之雲，出列於左右前後。出官畢，表白法師三步，高功上前跪受章副，叩齒二十四通，存思飛天神王，五色祥雲，金甲朱衣，天丁力士，佩帶寶劍，手執玉函自天門至壇場。高功取章書朝上帝，取龍刀開函，鋪章文於章案上，宣章畢，存想靈官書佐考校章文。高功行封章式：填『陛下』二字，在香上緊卷章文，外套以圓封，和腦子裝入方函，再裝入木函，用青絲三節捆繫，外再用青紙函封，裝入黃羅袋，袋上方角大書『封』字，（見圖十五），再用黃羅包裹，置於章案上。

（6）高功捧章遣官，至香爐熏章，念五色之煙咒，召將宣關，道衆迎真，焚於章爐中。此時高功運神步九靈罡法拜伏，知磬舉焚章頌，舉五帝大魔咒。道衆伺立，待高功拜興以聞，再舉和寶章以聞。

（7）知磬舉旋步雲罡上。高功納官，知磬舉玉符赦罪天尊，高功跪奏請符，詞懺宣符，宣祝符咒。知磬舉遣符咒，念十二願，存神燒香，高功復爐。

（8）知磬舉出堂頌，次舉向來、表白、回向。侍爐引衆經師歸師堂。知磬舉道、經、師寶天尊，皈依至道。掌禮法師引齋主上香，三拜。上章結束，衆經師復位、序揖。

以上是上章儀禮法事程序的梗概，其中的『舉』，指進行法事的某一項具體內容，上章法事由知磬司儀，宣告上章資次，如『知磬舉出堂頌』，即知磬唱曰『出堂頌』，表示此時應進行出堂頌的法事表演。

上章儀禮中的『發爐』和『復爐』，也是一般齋醮法事具備的科儀程式。發爐是齋醮開始時，高功將自己身中之神呼喚出來的儀式。高功須知身中之神的形狀，居自己身中何處，與左手指關節所代表的十二支的對應。發爐儀禮與存想是相關聯的，發爐開始前，隨入户咒、衛靈咒的誦念，高功存想身中充滿五行之氣，存想五帝兵馬、五星和五嶽，存想上中下三丹田中三清的體態容貌，及在青、黄、白氣中簇擁三清的衆多神靈。

高功存想結束，都功唱：『鳴法鼓二十四通』，高功即開始發爐，發爐咒是：

> 無上三天玄元始三炁，太上老君，召出臣身中三五功曹、左右官吏者、左右捧香、金童傳言、散花玉女、五帝直符、直日香官各三十六人出。……
>
> （《玉籙大齋第一日早朝儀》）

各種醮儀的發爐咒請神都念誦此咒語，咒語的後半部分即隨齋醮不同而不同。

高功在唱誦發爐咒文時，左手掐訣，一一請出與咒對應的神。唱『玄、元、始三炁』時，高功即用左手大拇指，掐左手指關節與玄、元、始對應的丑、壬、午位置，一邊請出元始天尊、靈寶天尊和道德天尊，請至醮壇北側。以下隨咒語和掐訣，依次呼出太上老君、三五功曹、左右官使者、左右捧香、金童玉女、五帝直符、值日香官等。

高功誦咒至『各三十六人出』時，將頭、胸、腹部各八神，三魂七魄，陽主和陰主，共三十六神從體内呼出。至此，高功身中之神都已請至醮壇上。

在齋醮法事將結束時，高功要行復爐科儀，即將發爐時呼出之神，再逐一納入體中。

上章儀禮是道教齋醮中較普遍使用的科儀之一。據史籍記載，東晉名士王獻之、羊欣，梁沈約都曾上章。東晉杜炅、殷仲堪都曾為人奏章。東晉天師道著名祭酒李東，以善寫章詞，被視為祭酒之良才，常為江東上清派領袖許謐家族上章。景德四年（一〇〇七年），宋真宗敕命茅山道士朱自英設醮奏章。至和二年（一〇五五年）正月，宋仁宗病癒召道士劉從善在大慶殿設醮奏章，仁宗果然病愈。劉從善是仁宗朝著名道士，曾撰集拜章之法行世。

四、齋醮儀式

（一）投龍簡儀

1、金龍玉簡科式

投龍簡，又稱投龍璧。我們在本書第一部分，已經提到了唐宋金元時期封建王朝頻繁舉行的投龍簡活動。投龍簡儀式在唐宋金元時期最為盛行，這與古代的山川土地崇拜不無關係。

投龍簡源於道教的天、地、水三官信仰，至劉宋時已初步形成儀式。劉宋陸修靜《太上洞玄靈寶授度儀》說：

用金龍、金鈕和三枚，投山、水、土，爲學仙之信。不投此三官，拘人命籍，求乞不達。有達，考屬九都曹。

北周道經《無上秘要》『投簡品』說：太上在正月一日，七月九日，九月九日，遣玉晨元皇太極真人領仙官，至東華青宮，校定真仙簿錄。在這三日，信道修學之士，要以金簡八通，上奏高上玉皇、東華青宮；以玉札八枚，以奏三元。道教以天、地、水為三元，又稱三官。

投龍簡儀式是將寫有消罪、願望的文簡和玉璧、金龍，用青絲捆紮，舉行醮儀後，投入名山大川、嶽瀆水府，以祈求保安宗社。在唐代已屬國醮一類的大型祭禮活動，在唐代詩文中多有反映，白居易《和微之春日投簡陽明洞天五十韻》詩即為投龍簡儀式而作，內有『去為投金簡，來因挈玉壺』；『前驅駐旌旆，偏坐列笙竽』之句。唐人放蘭揚《水簾洞》詩，記南嶽朱陵洞投龍簡說：

開元投金龍，水底聞天鈞。

投龍簡的簡、璧、金龍、金鈕的法式及製作是：

簡　長一尺二寸，寬二寸四分，厚二分，簡的形制在陸修靜時已經形成。簡長一尺二寸，象十二辰；寬二寸四分，法二十四真氣；厚二分，以法二儀。道教規定：天子祭祀的簡用玉製作，因玉有九德，可作為禮天地神祇的信物。其餘臣庶祭祀的簡用槿木製作，槿木潔白纖致，可與玉相比。此外用柏木、梓木代替也可。簡上用朱筆書五行字，寫明國號、年月、建齋之所及法師姓名，稱為投龍文。我們舉二例說明：

清順治元年（一六四四年）夏，吳中大旱，太湖龜坼，有人在太湖底發現五代吳越王錢鏐投龍簡一枚。此簡用銀製成，重二十兩，簡上鐫刻有投龍文一百七十九字。《道家金石録》收録此文。這段名為《太湖投龍記》的投龍文說：

大道弟子，天下都元帥、尚父、守中書令、吳越國王錢鏐，年七十七歲，二月十六日生。自統制山河，主吳越，民安俗阜，道泰時康，市物平和，遐爾清宴。仰自蒼昊降祐，大道垂恩。今則特謁詣洞府名山，遍投龍簡，恭陳醮謝，上答玄恩。伏願合具告祈，兼乞鏐王申行年，四時履歷，壽齡遐遠，眼目光明，家國興隆，子孫繁盛。志祈玄祝，允協投誠，謹指太湖水府，金龍驛傳，於吳越國蘇州府吳縣洞庭鄉東皐里太湖水府告文。

寶正三年歲在戊子三月丁未朔二十六日壬申投。

現存河南博物館的投龍金簡，於一九八二年發現於嵩山峻極峰，是武則天命道士胡昭投於嵩山，金簡上鐫刻投龍文六十三字，内容是乞三官九府除武曌罪名。

璧　有山簡璧、土簡璧、水簡璧。投山川用圓璧，直徑三寸，青色，以法天，表示九天信物；投土簡用方璧，直徑二寸，黃色，以法地，表示九地信物；投水簡用六出之璧，直徑三寸，黑色，以法水，表示九海水官信物，六出是水之數。投龍璧簡言之，即天宮蒼璧圓形，地官黃璧方形，水官璧六出形（見圖十六）。璧的製作，君主用玉，王侯用璧玉，士庶用玉石。

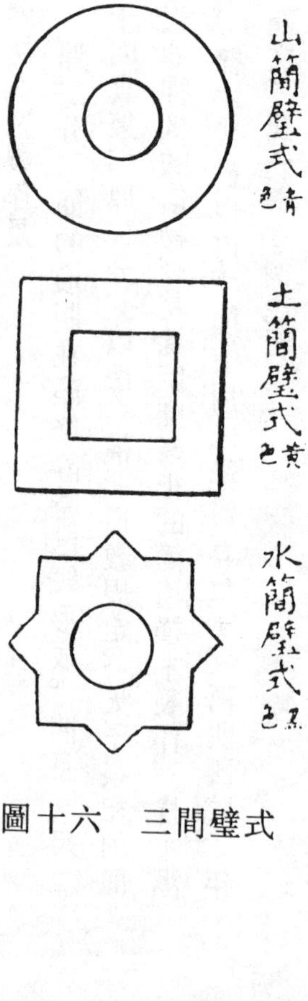

圖十六　三間璧式

金龍　用金做成龍形，一隻金龍用金一兩，國家用上金，公侯大臣有次金，士庶用銀、銅塗金製成。道教認為：龍是乘雲氣，御陰陽之物，能合則成體，散則成章，變化不測，入地昇天。故三十六天，極陽之境，只有龍才能驛傳信命，通達玄靈。如果說古代人間最好的交通工具是馬，那末天上用的最好的交通工具就是龍。得道者馭龍，如人間之乘馬。上天以龍為驛騎，往來人間，所以道教的投簡儀式，要用金龍驛傳，載簡文上達天府。

金鈕　直徑九分，外圓，如環之形。道教認為金鈕馭龍，猶如馬之銜勒。投簡時，用青絲將金鈕、玉璧、金龍纏附於簡上投放。金鈕代歃血，青絲代割髮，這是古代盟誓時表達誠意的信物，道教投龍簡儀式使用金鈕青絲，也是向天、地、水三官盟誓時表示的信物。金鈕的製作材料，國家用金、臣庶可以銀或銅塗金代替。每簡用金鈕九枚，天、地、水三簡共用金鈕二十七枚。

道教投龍簡的地點，選擇五嶽及天下名山洞府，唐宋金元時期，在東嶽泰山舉行的投龍簡活動最頻繁，這從本書第一部分東嶽投龍簡儀式的介紹可以看出。北宋天聖（一〇二三——一〇三二年）中，宋仁宗以許多投龍的名山洞府險遠窮僻，難賫送醮之具，頗為州縣之擾，乃下令道録院裁減，保留二十處，其餘全部罷去。仁宗時保留的名山洞府是：

河南府平陽洞、臺州赤城山玉京洞、江寧府華陽洞、舒州灊山司真洞、杭州大滌洞、鼎州桃源洞、常州張公洞、南康軍廬山咏真洞、建州武夷山升真洞、潭州南嶽朱陵洞、江州馬當山上水府、太平州中水府、潤州金山下水府、杭州錢塘江水府、河南濟瀆北海水府、鳳翔府聖湫仙游潭、河中府百丈泓龍潭、杭州天目山龍潭、華州車箱潭。

據《道法會元》記載，宋代國家投水簡之處，是著名的三水府，又稱龍府，即馬當山上水府福善安江王，採石山中水府順聖平江王，金山下水府昭信大江王，三水府都建有廟壇，是仁宗保留的二十處洞府中的三處。元代，王朝居大都（今北京），河南濟瀆北海水府又成為統治者頻繁舉行投龍儀式的熱點區域。

舉行一次投龍簡儀式，需金龍、玉簡、玉璧各三隻，金鈕二十七枚，青絲一兩二錢，封簡袋三枚。

投龍簡儀式先要修齋，再卜良日或齋潔之辰舉行投龍醮儀。衆法師及齋主弟子，或乘船至水府，或攀山路登山門，至洞府之外，薙草掃灑，清潔壇場，布置醮席酒果肴饌、鹿脯湯茶等。如國家投龍，設六十四分醮位（即六十四個神位），臣庶投龍，設二十四分醮位。此外設盤香四盞，爐巾案四副，淨席五領，醮巾五條。舉行投龍醮儀時，臨壇法師盛服澡漱，朝謁法事，完全按投龍科儀進行。唐宋時期，國家投龍五嶽諸山，有投金龍儀式，與一般庶士投龍儀式，在醮儀上有繁簡的不同。國家舉行投龍簡儀，投龍所在地的地司靈官、臨察將吏，當預先啟告洞中仙曹，通達告齋之簡，這樣投龍祭祀時會福善立感。如不預先啟告，就直接投於洞中，非但不達真靈，反獲罪考。

如遇舉行投龍的山水之洞較遠，難於攀登泛舟，法師齋主弟子不便都去，當選壇內法職一二人，與齋主賫簡到洞府，設醮關告投奠。如齋家因故不能親赴洞府，可選精慎虔恪、信道恭勤者一人，代往行禮，如無代替者，法師可代為奏告。

唐宋金元時期，舉行金籙普天大醮，金籙周天大醮，金籙羅天大醮，河圖大醮，以及黃籙大齋，都可行投龍簡儀式。

唐代最大規模的投龍儀式，是大周長安四年（七〇四年），武則天命於東嶽岱嶽觀建金籙大齋四十九日，奏表投龍薦璧。

南宋嘉熙元年（一二三七年），宋理宗為保延國祚，祈求子嗣，命道士在茅山元符萬寧宮建金籙道場，然後至上清宗壇、華陽洞天投送金龍玉簡。南宋嘉定三年（一二一〇年），宋寧宗嘉定皇后至茅山上清宗壇，建玉籙道場，羅天大醮，受上清法籙，也投金龍玉璧，以為質信禮儀。

元代多次在大都長春宮舉行金籙普天大醮，金籙周天大醮，金籙羅天大醮，然後赴濟瀆投龍簡。最著名的一次是元延祐二年（一三一五年），元仁宗命高道張留孫、孫德彧在大都長春宮建金籙普天大醮，列三千六百神位。十二月十一日開建大醮，歷時九晝夜，大醮告成後，遣人賫持寶香，玉刻符簡，玄璧金龍，前往濟瀆靈源投奠。這説明投龍簡既是一項獨立的祭祀活動，又是大型齋醮法事中的一項科儀內容；它可以和大型齋醮事在同一地點舉行，也可以先在宮觀建大醮，然後赴名山洞府投龍。

以下分別介紹黃籙大齋和金籙大齋的投龍簡儀式。

2、黃籙齋投簡儀

杜光庭《太上黃籙齋儀》記載了舉行黃籙大齋中的投龍簡儀式。投龍簡儀的醮壇正中列三寶位，壇右方列洞府神仙位，壇左方列日直土地監察，壇正中左邊是法師關奏位，右邊是弟子拜位。壇場陳設完畢，用香水灑壇場外，以蕩除氛穢，臨壇法師和齋主弟子都須澡漱嚴潔，清整身心。

投山簡儀的程式是：

（1）開壇，各禮師存念如法。法師存思三尊（玉清元始天尊、上清靈寶天尊、太清道德天尊）、經寶、玄師、五星、五土、五獄、五臟、五靈，經籍度三師，三色雲氣，投龍洞府真仙靈司，監察官屬，日直土地，都降臨壇場，儼然在坐，羅列分明。法師念衛靈咒：

五靈列位，煥鎮五方。
始皇護魂，丹老衛形。
皓靈侍魄，黑帝攝生。

中央黃帝，統御萬真。
元皇誥下，幽夜開光。
罪銷北府，名列南昌。
金籙定籍，玉字除殃。
朱陵煉質，飛神太蒼。
三官九府，無極神鄉。
普受開度，上生天堂。

（2）法師鳴法鼓二十四通，發爐。法師發爐念文：

無上三天、玄元始三炁、太上老君，召出臣身中三五功曹、左右官使者、左右捧香、驛龍騎吏、侍香金童、傳言玉女、五帝直符、直日香官各三十六人出，當召此間土地、山川正神，速出嚴裝。關奏臣今正爾燒香，奉爲某官某甲，設黃籙寶齋，功圓事畢，投簡靈山。願得太上十方正真生炁，入臣等身中，所啓速達，徑御太上無極大道、崑崙五嶽、靈山洞府前。

（3）各稱法位。法師自報法職後，說文：

謹奉請大羅玉清無極無上至真大道元始天尊、太上大道君、太上老君、三十六部尊經、玄中大法師、三寶衆聖、一切尊靈，垂慈降臨，稽首再禮。謹奉請某洞府真仙，洞天官屬，得道真人，垂光降臨。謹奉請當境主司，虛空監察，香官使者，三洞威神，里域真官，翊衛將吏，山水川澤，一切正神，具官來降。

（4）法師三捻上香，獻酒，各稱法位。法師長跪啟白：

具位臣某，謹上啓太上無極大道，太上三尊，十方已得道大聖衆，至真諸君丈人，東華、南極、西靈、北真，三十六部尊經，玄中大法師，太極真人，玄一三真人，諸天日月星宿，崑崙上宫諸神仙，西靈金母，五嶽真君，靈山正職，灊霍儲君，青城丈人，廬山使者，鐘山鬱絶，西玄墉臺，丘嶽大神，三官北部，六宫幽司，天下地上，冥靈諸神，監生主録，南上三門，至神至靈，一切羣仙。臣胎誕塵濁，瞽暗無知，萬劫善緣，依承道化，奉宣慈訓，佐國立功，濟物度人，弘道讚法。以今某年月日，詣三洞法師、某嶽真人某甲，受靈寶五老真文、赤書靈篇、三部八景、諸天内音、神仙二籙、八威策文、五帝符杖、中盟真經。傳授事竟，投簡靈山，請以金鈕、金龍驛傳，奉爲修設黄籙大齋，爲國爲家，普及存亡，懺罪乞恩，解消災咎。法事都畢，投簡靈山，金龍驛傳，乞落除罪録，記名玉曆，願神願仙，解釋九玄七祖、九族衆親、先亡後化、拔贖惡根、免脱豐都岱宗，二十四獄，五嶽之府，九幽之中，刀山劍樹，苦惱之鄉，魂睹光明，永蒙開度，輪轉受化，逍遥福門，安穩墳墓，詿誣不興，舉家蒙福，一切荷恩，妖精殄滅，善瑞日生，修道參真，永階仙品。蒙如所啓，仰荷玄恩，臣某誠惶誠恐，稽首再禮！謹啓。

（5）讀簡文，投簡。法師起立，捧簡文在香上熏三過，叩齒九通，讀簡文：

今謹有某州縣鄉里，某官某乙，年號歲，奉爲家國，普及存亡，請福祈恩，增延禄壽，於某處修建黄籙大齋幾晝夜，以今滿散，投簡名山。願神願仙，長生度世，飛行上清，五嶽真人，至聖至靈，乞削罪簿，上名九天，謹詣名山金龍驛傳。

年歲次　月　日，具位臣姓某於某處告下。

讀簡文後，用青紙封簡，再用青絲纏金龍、金鈕、玉璧等，令弟子捧簡横於香煙上，叩齒九通，法師面東念投山簡咒，衆經師隨聲同念：

玄上開明，元始監真。
上帝五老，赤書丹文。
天地本始，總領三元。
攝氣召會，催促學仙。
高上符命，普告十方。
日月星宿，五嶽靈山。
天上地下，溟冷大神。
監生主録，南上三門。
關領玉簡，勒名丹篇。
削落罪目，上補帝臣。
歸憑至道，修齋立功。
拔贖九祖，一切苦魂。
行道事竟，謹依靈山。
請投玉簡，乞削罪名。

皆蒙解脱，無有冤親。
去離三惡，魂昇九天。
生死開度，億劫長存。
今日上告，萬真咸聞。
請以龍簡，關盟真官。
乞如所告，金龍驛傳。

念咒畢，臨壇法師及齋主再禮簡文，並咒『金龍驛傳』三次，然後封簡，投簡於洞中。

黃籙大齋的投水簡儀和投土簡儀的程式與投山簡儀相同。但關告的神靈有部分不同，水簡、土簡念誦的咒語不同。水簡投於水府，土簡埋於齋壇地下。

3、金籙齋投簡儀

北宋時期，以金籙大齋投簡儀的各種科儀本異同甚多，先後顛倒，繁簡不倫，敕命深究道妙的著名文士張商英重新刪定金籙大齋投簡儀式，張商英刪削補正，編成《金籙齋投簡儀》，成為金籙齋投簡儀式的科儀範本。

舉行金籙齋投簡儀，先準備山簡、水簡各一面，投放地點依季節擇定，春夏至孟州王屋洞天、濟瀆水府；秋冬至安慶灊山司真洞天、太平採石水府。國家龍簡到達之日，當地教門要備威儀迎接。投簡儀式須道士七人，選其中一名授法籙道士充任高功主壇。

金籙齋投簡儀的舉行程式如下：

（1）開壇祝香，淨壇敕水。開壇後，各禮師存念如法，化醮壇為神壇。高功法師宣東、南、西、北、中五方衛靈咒。高功法師念五星都咒：

五星列照，煥明五方。
水星卻災，木德致昌。
熒惑消禍，太白辟兵。
鎮星四據，家國利亨。
名刊玉簡，録字帝房。
乘飆散景，飛散太空。
出入冥無，遊宴十方。
五雲覆蓋，招神攝風。
役使萬靈，上衛仙公。

（2）鳴法鼓二十四通，發爐。高功叩齒二十四通後，發爐，逐一請身中之神，高功法師念文：

太上真元五靈老君、當召功曹使者、左右龍虎君、捧香使者、三炁正神，關啓三天太上元皇老君，臣今正爾燒香，謹奉當今皇帝，玉壇醮罷，金籙齋成，專遣某官詣處投奠龍簡，重設醮筵。願得太上八方，正真生炁，降流臣等身中，令臣所啓，速達至真無極太上三尊三清天帝御前。

（3）高功再拜，上香、上茶、上酒、各稱法位。高功稱己法職後接説：

臣某謹上啓三清上聖、十極高真、五方五帝君、天地水三官、洞天真宰、四瀆海嶽、水府龍神、一切聖境，得道仙靈。臣稟質凡微，托躬塵穢，宿荷餘福，棲身法門，寶訣靈書，獲聞上範，約當宣揚道化，保輔邦家，凡有禱祈，敢不聞達。今皇家以集福禳災，散壇罷醮，專遣某官詣某州洞府靈山，投奠龍璧玉簡。恭依睿旨，重啓醮筵，祈衆聖之降臨，察誠心而領納，蒙如所請，仰荷靈恩，臣與某官等，誠惶誠恐，稽首頓首，再拜奉請。

（4）高功上啟請神。高功上香、再拜、獻酒、設拜，說文：

謹奉請中元赦罪地官、中元四十二曹仙官、王屋山小有洞天神仙聖衆、十大洞天神仙真宰、五嶽洞天真君、八十一洞神仙、七十二福地仙官、青城山九天丈人儲福定命真君、灊山司命真君、廬山九天採訪使者、應元保運真君、諸嶽名山、洞天福地，一切得道龍神仙衆，應感分輝，降臨醮座。謹稽首虔誠再拜，謹奉請下元解厄水官、下元四十二曹掾吏、龍神聖衆、濟瀆清源王、濟瀆一切得道龍神聖衆、四海八溟三河四瀆靈官聖衆、九江水帝、十二河源河伯河侯河掾、川靈大澤本府靈司，一切官屬，應感分輝，降臨醮座，謹稽首虔誠再拜。

（5）重稱法位，再啟請神。高功上香、再獻酒、設拜，重稱法職後說文：

臣謹重上啓高真上聖、天地水三官、嶽瀆洞天、靖廬福地、得道神仙、龍神官屬、四海八溟、千川萬谷、泉源水府、靈司正神，當境一切威靈得道聖衆，降赴醮筵，鑑納丹誠，流光映照。伏願皇帝邦基磐固，國壽天齊，動植霑恩，華夷蒙潤，甘露零而祥風集，卿雲現而景曜垂，毒癘屏消，吉祥蕃委，惟神克念，永孚千休，一切含生，並登道岸。臣等誠惶誠恐，稽首頓首。再拜奉送。

（6）發十二願。高功誦十二願：

臣等一願乾坤明素，二願烝像清圓，三願聖人萬壽，四願化洽八埏，五願天垂甘露，六願地發祥煙，七願四時應節，八願萬物生全，九願家多孝悌，十願國富才賢，十一願豐都罷對，十二願學道成仙。

（7）高功復爐。高功復爐，將發爐時呼出之神再次納入體中，高功祝文：

香官使者、左右龍虎君、侍香諸靈官，當令行道之所，自然生金液丹碧芝英，百靈衆真，交會在此香火爐前，上願皇帝受福，天下蒙恩，十方仙童玉女，侍衛香煙，傳奏向來，所啓速達至真無極大道三清上帝御前。

（8）舉學仙頌，投簡。高功吟學仙頌：

學仙行爲急，奉戒制精心。

虛夷正氣居，仙聖自相尋。

若不信法言，胡爲棲山林。

然後，如法焚香熏簡，高功念投山簡文：

嗣天子臣，伏爲迎祥集福，祇建沖科，賫龍璧信幣之儀，命道士幾人，於某宮觀某殿，開啓金籙道場幾晝夜，罷散日設普天大醮一座，三千六百分位，告盟天地，紀筭延釐，齋事周圓，恭陳大醮，謹依舊式，詣洞天投送金龍玉簡。願神願仙，飛行上清，五嶽真人，至聖至真，鑑此丹懇，乞爲騰奏，上聞九天，謹詣靈山，金龍驛傳。

某年太歲某甲子幾月某朔幾日某甲子，於道場内吉時告聞。

如法封簡，投簡於洞天。投簡時高功吟投山簡頌：

祈真登紫府，告命詣靈壇。

玉女謡梵響，金童奏香烟。
書名通九地，列字上三天。
永享無期壽，克成高上仙。

（9）至水府投水簡。道衆至水府，如法舉行投水簡儀，程式同投山簡儀。高功念投水簡文，簡文前半部分同投山簡文，後半部分是：

……謹依舊式，詣水府投送金龍玉簡，願神願仙，三元同存，九府水帝，十二河源，江河淮濟，溟泠大神，至聖至真，鑑此丹懇，乞爲騰奏，上聞九天，謹詣水府，金龍驛傳。

投水簡時，高功念投水簡頌：

天尊留戒律，太上演真經。
奉法須勤苦，功德貴精誠。
虔心啓三寶，焚香告百靈。

書名投水府，功勛達上清。

如法投水簡後，高功念回向讚：

向來設醮功德，上視皇帝，次及臣寮，同賴善功，成無上道，一切信禮。

高功回向，念『善』，說：

上來投簡事畢，設醮功德周備，奉爲皇帝，上祝聖壽無窮，念大聖元始天尊、太上玉晨道君、太上金闕老君、太上三清大天帝，無量不思議功德。

道衆山呼，金籙齋投簡儀結束。

（一一）醮壇燈儀

1、燈儀圖式

燈，是齋醮法事中頻繁使用的法器。在齋醮壇場上，燃燈與燒香同樣重要。杜光庭《太上黄籙齋儀》說：

> 凡修齋行道，以燒香燃燈急務。香者，傳心達信，上感真靈；燈者，破暗燭幽，下開泉夜。
>
> （《太上黄籙齋儀》卷五六）

齋醮壇場使用法燈，源於中國古代祭祀中的火祭。《周禮》說：『凡祭祀，則祭爟。』爟即火，先秦時火與祭祀已結下不解之緣。秦漢皇宮有青玉五枝燈、百華樹燈、芳苡燈。燈已被用於宮廷祭祀，漢代有祀太乙之俗，宮中燃太乙燈，通宵祭祀。在文學作品中，已出現讚咏燈的篇章，西晉傅玄撰《燈銘》，北周庾信、梁江淹皆撰《燈賦》傳世。傅玄《燈銘》說：

> 晃晃華燈，含滋炳靈。

素膏流液，玄炷亭亭。

劉宋陸修靜制訂齋醮科儀時，已制訂有燈儀傳世。陸修靜《燃燈禮祝威儀》有『明燈讚』三首：

太上散十方，華燈通精誠。
諸天亦皆燃，諸地悉玄明。
我身亦光徹，五臟生華榮。
炎景昭太元，遐想繁玉清。

丹精寄太元，玄陽空中響。
舍形滅苦根，幽妙至真想。
垂華不現實，因緣示光象。
我身亦如之，乘化托流影。

夜光表丹陽，迢迢照靈室。

諸天普光顯，諸陰即日滅。
我神亦聰明，常玩智與慧。
逍遙適道運，遷謝任天勢。
舉形躡空洞，夜燭煥流萃。
（《無上黃籙大齋立成儀》卷三五）

此明燈讚為後世齋醮所採用。陸修靜撰《洞玄靈寶齋說光戒罰燈祝願儀》，臨壇法師中已專設侍燈一職。侍燈負責備辦燈具，依法安置，使法燈明朗，照徹醮壇。如遇風雨之天，須稟告主壇法師，才可停燃燈火。如法事進行中，燈火突然熄滅，則是侍燈失職。

北周道經《無上秘要》，對三皇齋、金籙齋、上元齋、中元齋、下元齋、盟真齋等齋醮法事的燃燈已有具體規定。如三皇齋，規定齋壇四方各列九燈，共燃三十六燈。盟真齋在家中設壇。置九尺高長燈，燈上燃九燈火。此九燈光明，象徵上照九玄諸天福堂，下照九地無極世界。九燈可使九幽之中，長徒餓鬼，責役死魂，身受光明，普見命根。

至唐代，齋醮儀式趨於完備，道教科儀中已有完整的禮燈儀式。杜光庭編《禮燈儀》，闡述燈儀的功能說：

燃燈威儀，功德至重。上照諸天，下明諸地，八方九夜，並見光明。見此燈者，皆得罪滅福生。燃燈之主，其福甚深，九祖父母，上生天堂，去離憂苦，永出九幽。逍遥上元仙宫之中，見在安泰，子孫興昌，門户清肅，萬災不干，存亡開度，生死荷恩，功德無量，所向從心，於家於國，咸獲利貞，九夜三塗，並澄真道。

（《無上黄籙大齋立成儀》卷一九）

由於燈儀的盛行，唐宋道教已造作出一批燈儀經典，這使舉行燈儀類法事有章可循。明代修《正統道藏》，收録的燈儀類經典有：

《玉皇十七慈光燈儀》、《上清十一大曜燈儀》、《三官燈儀》、《玄帝燈儀》、《萬靈燈儀》、《五顯靈官大帝燈儀》、《九天仙茅司命仙燈儀》、《北斗七元星燈儀》、《南斗延壽燈儀》、《土司燈儀》、《正一瘟司辟毒神燈儀》、《東厨司命燈儀》、《離明瑞象燈儀》、《黄籙破獄燈儀》、《黄籙九厄燈儀》、《黄籙九陽梵氣燈儀》、《黄籙五苦輪燈儀》。

這還不是燈儀的全部，《道門科範大全集》即收有《北斗延生懺燈儀》。道教燈儀，内容豐富。各種燈儀，禱告不同的神靈，具有不同功用，玄帝燈儀禱告真武大帝，三官燈儀禱告天、地、水三官。僅醮壇使用的燈圖，道經中就有一百多種。這意味着醮壇法燈布置方式有一百多種。《天皇至道太清玉册》即收有玉皇燈圖、周天燈圖、本命燈圖、北斗燈圖、南斗燈圖、斗三曜燈圖、九天玉樞燈圖、火德燈圖、九宮八卦土燈圖、血湖地獄燈圖、煉度燈圖。

燈儀的醮壇布置，《無上黃籙大齋立成儀》卷三十九記載了三種：

（1）九獄燈圖

此圖法天象地，方圓為式，九幽陰曹，主罪憲職，應擇東南方建壇。用土石建壇九座。每壇相距二尺，九壇各有六平方尺，以法地之陰，極二六之象。每壇作四圍三曲，如獄之形，一壇明燈三炬，九壇共燃二十七燈（見圖十七）。

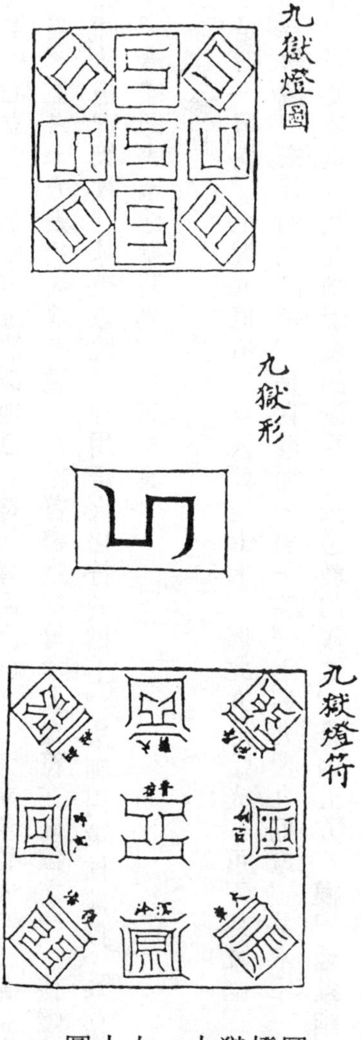

圖十七　九獄燈圖

在九壇中心立牌，正面書玉清破地獄真符，背面書獄名，旁立青竹九竿，各長九尺，各掛一幡一幅，上書十方靈寶天尊聖號。在幡首書豐都符。此幡符在破獄之時，侍燈法師宣破獄儀，法師執靈寶策杖，咏破獄咒。即用燈火化符於獄上。法師用策杖破獄，焚燒青幡後，復掛黃幡，這樣即表示地獄開光，亡靈登真。

（2）九幽燈圖

此法是造一燈樹，上燃九厄燈。自人死至七七，燃此九厄燈光，可下照九幽，亡魂睹此光明，即要解脱。宋代的九幽燈，是在壇場中竪一竿，上燃九盞九厄燈，共八十一燈，用以普照重昏，開度苦爽。此九幽燈圖的設置，按道教的説法，是因五方八極，地獄幽牢，在極陰之鄉，長夜之境，死魂囚閉，不見三光，冥暗之間，經受諸種考掠，故建九幽燈開度。

（3）回耀輪燈圖

盟真科儀有回耀降光之格，用於懺除五累苦門，開生死之業，道破黑暗之罪庭。回耀輪燈圖即據此盟真科儀而設。此燈圖用梓木作輪如車軸之象。燈分三層：上層燈十二碗，中層燈十六碗，下層燈二十一碗，共計燃燈四十九碗。壇中央立五累苦門，立牌書寫諸獄名。按回耀燈儀造四十九首小幡，黃白之色相間，上書諸天尊琅函睿號，幡首朱書破豐都符。舉行燈儀時，侍燈法師宣懺燈儀，大法師持策杖隨懺儀至每獄立卓杖，念大梵隱語，以柳枝淨水灑之，在獄燈上焚化小繒幡。這樣，諸獄罪魂，乘陽光應時解脱諸苦，斷除五累煩惱，脱離塵勞之業根。

寧全真《上清靈寶大法》燃燈章記載了一種燈圖，與上述三種燈圖又不相同。此法用梓木造一燈樹，上分九巵，每巵安一燈，燈樹下用淨土作天地輪，上圓象天，下方象地。梓木上層安燈樹，懸幡九首，幡上書九天陰符，兩手書告文。中層安燈九碗，立九炁牌。下層安燈九盞，立九壘土皇君牌。三層共二十七盞燈。此壇外立八門，燃燈八盞，立八卦，共計三十五盞燈。

此壇三層燈，三九二十七，象徵上照九天，調泰正炁，鎮運星宿；中照九野，以掃九土災殃；下照九幽重陰，九壘通光，九道破暗。

道教燈儀，各有法象，春九、夏三、秋七、冬五，四季十二，皆隨五行本數設立。道教的各種齋醮儀式，都有燃燈的規定，而各燈儀都自有其功用。杜光庭《太上黃籙齋儀》卷五十六『禮燈儀式』中，有如下燃燈威儀規定：

在道户燃二燈，以照齋主住宅，為弟子消災度厄，安宅鎮神。

在本命上燃三燈，以照三魂，為弟子制邪度厄，拘守三魂。

在行年上燃七燈，以照七魄，為弟子安神卻禍，制魄除邪。

在太歲上燃一燈，以照太歲之神，為弟子除一年災害，以求福慶。

在大墓上燃三燈，以照齋主世代丘陵墓，為弟子拔度先世亡魂，托生淨域，斷絕冢訟，解除復連之災。

在小墓上燃五燈，以照齋主近代丘陵墓，拔度神爽，得生天堂，利祐子孫，福祚興昌。

在中庭燃七燈，以照七祖父母，幽魂苦爽，得生天堂。

在中庭燃九幽之燈，以照九幽長夜之府，拔度九幽之中弟子先亡魂爽，睹見光明。

在夾門燃二燈，以照宮宅，為弟子驅邪捕惡，保護闔門。

在地户上燃二十四燈，以照二十四生氣，為弟子延生益炁，增福安神，註上生名，削除死籍。

在八方燃八燈，以照八卦，為弟子照耀八達，開窗九官，八神密衛，八方開通。

在四面中央燃九燈，以照九宮，為弟子度九宮災厄，上九宮仙名。

在十方燃十燈，以照十方，為弟子照明十極，招真降靈，解釋災厄，名書十天。

在四面燃二十八燈，以照二十八宿，為弟子削除死録，益上生名，北斗落死，南斗延生。

在天門上燃三十六燈，以照三十六天，為弟子開度七祖父母，昇入天堂。

在五方燃五燈，以照五嶽，為弟子上負仙籙，保鎮身形。

上述道户、本命、行年、太歲等十六種燈儀，是黄籙類科儀的壇場布置，用於超度亡魂。唐宋時期舉行黄籙大齋，在内壇、中壇、外壇的外圍，即要設立十六種燈儀，共一百五十九燈（見圖十八）。

這十六種燈儀及數量是：道户燈二，本命燈三，行年燈七，太歲燈一，大墓燈三，小墓燈五，七祖燈七，夾門燈九，二十四炁燈二十四，八卦燈八，九宮燈九，十方燈十，二十八宿燈二十八，三十六天燈三十六，五炁燈五。

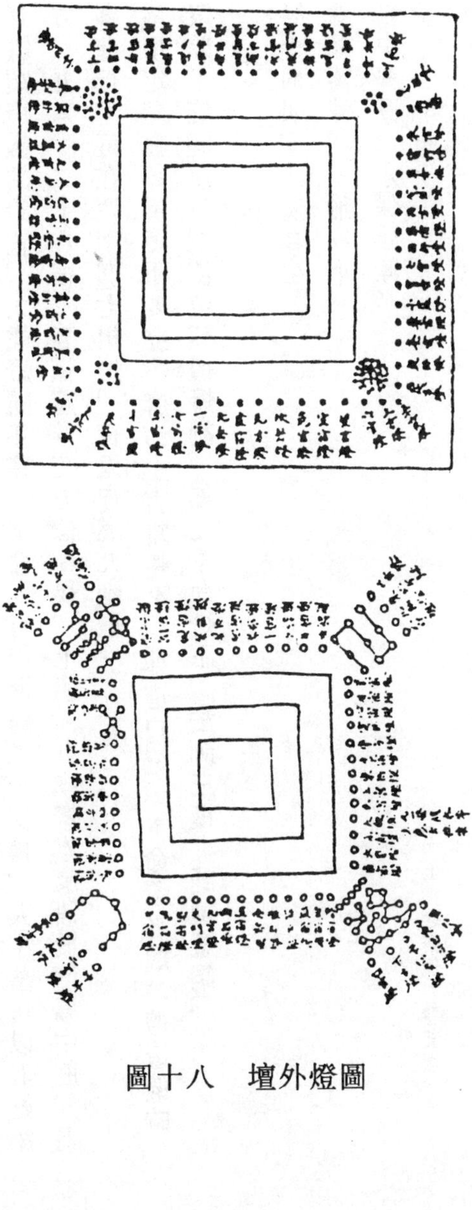

壇外燈圖

圖十八　壇外燈圖

此類黄籙類燈儀的設置，太歲燈隨年建，本命、行年燈隨二十支轉，大小墓燈以五姓納音推，十方、九宫、二十八宿、五嶽燈並按方位點燃，七祖、九幽燈本應設於壇場中庭，為不妨礙法事進行，可在西南燃七祖燈，在鬼户燃九幽燈。

按燈儀規定，在每種燈下要立一牌，上書寫燈名，如道户燈、本命燈之類。禮燈儀時，法師導引衆弟子旋繞燈下，依位誦禮燈詞。如在本命燈下，法師三禮，誦禮燈詞：

陽光洞明，三魂自生。
總録萬神，長附我形。
日中齊景，永保無傾。

（《太上黄籙齋儀》卷五六）

2、分燈科儀

唐宋時期，從禮燈儀式中又衍化出分燈科儀。分燈先要請光，即在建壇日正午，書請光符二道，從陽燧（凸透鏡）中取火，點燃元始天尊神位前燭燈。道教認為取日中真火，可以下徹九幽，上可以騰輝光於三景，光耀福庭。

請光分燈科儀的方法是：法師用慧光符卷封成蠟炬，待正午取陽燧火，取火時念陽暉咒：

明哉太陽暉，神光洞三清。
炁散玄漠内，靈煙生紫庭。
控御乘風霞，飄飄凌無形。
急急如律令！

法師取太陽正炁，點燃一燈，置於元始天尊之前。法師登壇演習分燈儀式時，存想此燈金光，如日流金之色，混合兆身光，結作日輪，透明内外。法師運炁自泥丸出，上接元始寶光，混同一體，再用符炬，從中燈分慧光，自一生二，由二生三，三化萬光，普照八極，天真上聖，三界衆聖，皆合寶光，同登壇場，陽庭幽治，悉變天堂。

分燈完畢，法師以餘炬納於主爐中，默咒：

太上降慧光，華燈通精神。
諸天悉開耀，地府皆朗明。
兆身亦光徹，五臟生華榮。
炎景照太元，遐想通玉京。
急急如三天道主律令。

（《靈寶玉鑑》卷一一）

道教分燈科儀，具有宗教象徵意義。道教認為薦拔亡靈，照破幽暗之燈，須得慧光之法，方能降三光之慧，追攝受度，故在燈儀中衍化出分燈之法。請光分燈取陽燧慧光，自一而三，從三至九，九九變化，而生萬光，煥映萬天，照明九地。陽燧慧光可和合陰陽。而生萬化，只是凡火之光，是不能薦拔陰靈，照破幽暗的。《靈寶玉鑑》卷一說：

> 齋法中，每以燃燈爲首，所以法天象地。故每遇建齋，必於宿建之夕請光分燈，以法日月星斗之懸象，令壇所內外洞明，上下交映。

所謂法天象地，即上法日月星辰之懸象，下佈八卦九宮之方隅，以交接陽光，開明幽暗，使亡魂乘光得度。

道教的分燈科儀經書，現存有《金籙分燈卷簾科儀全集》。當代道教的分燈儀式，已不再用陽燧取日光之古法，而以邊念唱、邊燃燭的簡便方式進行。如上海道教的進表科儀，法師們採用喝白，羣答和揮舞燈炬的手法，也取得了有象徵意義的效果。

3、金籙燈儀

道教燈儀可分金籙燈儀和黃籙燈儀兩大類。金籙燈儀用於祈願和讚頌，演習方式較簡單；黃籙燈儀用於薦拔超度，演習方式較複雜。

金籙燈儀的演習程式是：入壇，啟白，皈命和讚頌，諷經，宣疏，回向。金籙各燈儀演習皆有這六部分。區別主要在歸命和讚頌部分，如《玄帝燈儀》歸命和讚咏的神仙是真武大帝，《三官燈儀》歸命和讚咏的神仙是天、地、水三官。《九天三茅司命仙燈儀》的歸命和讚頌部分說：

歸命太玄妙道沖虛聖佑真應真君，讚咏沖虛聖佑真君；
歸命定禄右禁至道沖靖德佑妙應真君，讚咏沖靖德佑真君；
歸命三官保命微妙沖惠仁佑神應真君，讚咏沖惠仁佑真君。

金籙燈儀的歸命文辭是散文體，讚咏文辭是四言詩體，散文體用於念誦，詩體用於唱讚。《九天三茅司命仙燈儀》的歸命大茅君文說：

今讚燈弟子某人，祇按仙科，敷陳妙範，儼羽繡霞衣之像，備花燈燭之儀，志心歸命東嶽上卿司命太妙道沖虛祐靈應真君。伏願妙道克臻，沖序昭格，四序均調於玉燭，九秋慶遂於金穰，國富忠良，家多孝悌。士民工賈，各膺遂意之歡；貴賤賢愚，隨分養生之樂。稽首皈依，虔誠讚咏信禮沖虛聖祐真君：

虛挺遠朗，幽耽妙言。

爰自童蒙，散髮北巔。

靜心林澤，精思求仙。

登峻履谷，艱尋師門。

情昭上帝，感激泰玄。

今敬受命，位爲太元。

演習燈儀時，法師念誦歸命文，唱讚詩文，念唱結合，配以壇場輝煌的燈燭，表現出金籙燈儀可上照諸天法堂的功能。

4、黃籙燈儀

黃籙燈儀的演習程式是：入壇，啟白，舉天尊之號和讚頌，諷經，宣疏，回向。黃籙各燈儀演習都有這六部分內容。其中啟白、舉天尊之號和贊頌是燈儀的主要部分，都同破獄拔亡有關。《黃籙破獄燈儀》的舉天尊之號說：

舉玉寶皇上尊，破東方風雷地獄；
舉好生度命尊，破東南方銅柱地獄；
舉玄真萬福尊，破南方火翳地獄；
舉太靈虛皇尊，破西南屠割地獄；
舉太妙至極尊，破西方金剛地獄；
舉無量太華尊，破西北方煉地獄；
舉玄上玉晨尊，破北方溟冷地獄；
舉度仙上聖尊，破東方鑊湯地獄；
舉上下方救苦尊，破中央普掠地獄。

道教燈儀的破獄，即臨壇法師運自己之陽光，混合燈光，上按九天之陽光，以遍照三界九幽，使亘天徹地，都有光明，凡墜幽冥之亡魂，都可乘光而超出，地獄即被打破。

道教黃籙科九幽科儀的燈有回耀輪燈、九厄神燈、九獄神燈。道教以此燈可破昏暗於長夜，照苦爽於三途，借天象之慧力，分上聖之威光。舉行此燈儀時，法師行攝召之法，能明九幽之獄，可破幽度亡魂。九幽指北斗九元所化幽獄，它分布九維，東為幽冥，南為幽陰，西為幽夜，北為幽豐，東北為幽都，東南為幽治，西南為幽關，西北為幽府，中為幽獄。道教以人死之後，靈魂下入九幽之中，九幽按八卦中宮，九州分野，在天為九天，在地為九宮，化形為九幽獄，凡亡人一念之惡，其獄即現，燈儀的作用就是拯濟拔度苦爽，睹見光明。

在黃籙九幽燈儀壇場上，法師破幽之法，以左手掐中指中節，隨方化身，取本方氣而吹彈。燈儀的步罡之法，法師在東方步丁罡九步，南方三步，西方七步，北方五步，四維各五步，中央步丁罡一十二步。

當代江南道教舉行九幽科儀，法師破獄之法，從南起順時針繞壇場一周，在各方步罡後，以靈寶策杖擊地，意為破獄。法師最後步至中央，燒二符二幡，掐玉清訣，存己身作天尊之形儀，至此地獄開，亡爽可登真，法師禱收燈祝文，祝亡魂身度光明之界，永離黑暗之鄉。

5、破血湖燈儀

宋代道教的破獄燈儀中，出現了專超度女性亡靈的破血湖燈儀。寧全真《上清靈寶大法》的『血湖燈圖』說：在大鐵圍山之南，有硤石獄，獄旁有火焰，下邊就是血湖。在血湖東南一大石間，上大下尖，大石中開一縫，罪人從此縫出入，自有百藥毒汁灌身心。在血湖

中的亡靈，是產死婦人，血湖陰森恐怖，苦不可言，獄中有百萬鬼卒，晝夜考掠女魂。（見圖十九）

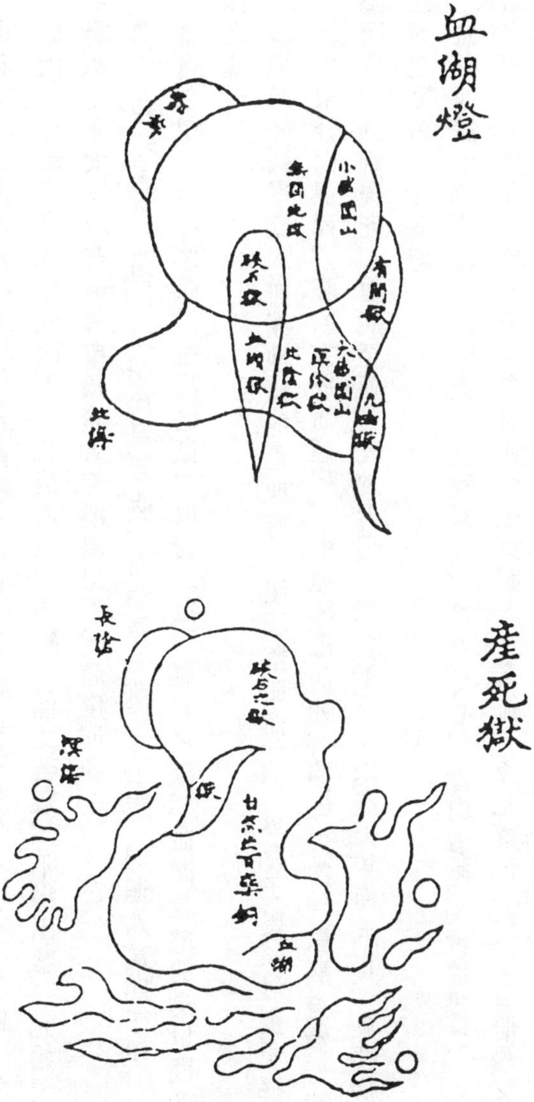

圖十九　血湖燈　產死獄

北宋道經《元始天尊濟度血湖真經》說北陰大海底有血湖，內分四子獄，叫血池、血盆、血山、血海。產死血屍婦人，死後入血湖地獄，備受苦難，不得出離。元始天尊為濟度衆生罪魂，命太一救苦天尊率領諸大神清蕩血湖、超度罪魂。

《太一救苦天尊說拔度血湖寶懺》說：血湖長一萬二千里，周迴八萬四千里。血湖有五獄：血盈之獄、血冷之獄、血污之獄、血資之獄、血湖之獄。血湖收納的是世間產死之魂，血傷之魂。

該經詳細列舉墜入血湖地獄的亡魂有：墮子落胎而死，母存子喪，母喪子存，母子俱喪，男女未分而俱死，胚胎方成而遽死，臨產染患而死，懷娠失墜，患病身殞，潰漏至死，淋瀝而亡，分娩後死，血病至死，死於刀刃，死於干戈，未盡天年而夭亡，染惡病而死，犯王法而受戮者……等等。

血湖地獄中，惡毒之汁交流，沉浸罪人，煎煮身心，骨肉潰爛，苦楚難禁，動經億劫、不睹光明。于是太一救苦天尊為血死衆生宣說太上真符、流光寶符、丹臺玉册飛玄靈章，頒行諸獄。使血湖普放光明，照燭幽暗，鐵城摧毀，血湖乾枯，灰河化碧玉之池，硤石變清涼之座。經太一救苦天尊放九色祥光，遍照諸獄，赦宥罪魂，普使一切產厄血湖罪魂，脫離苦趣，得睹陽光。

在拔度血湖寶懺的最後，救苦天尊要念拔血湖頌：

運真合靈會，寶敕召諸神。
六天壘重陰，豐都九幽獄。
典吏部冥洞，三官執九府。
主典神吏衆，一切主録罪。
拔度産血難，出離三塗苦。
流光玉元符，照破血湖獄。
爐炭生青蓮，刀劍生鸞林。
火池化温泉，鑊湯爲春圃。
超度長夜魂，往生極樂國。

血湖燈儀的出現絶非偶然，由於婦女在中國古代社會生活和疾病生育中遭受的種種磨難，需要宗教安慰與救度，所以道教創造破血湖燈儀，以蕩滌血湖地獄，其意蘊就是解除婦女苦難，以真陽至善之光，照徹婦女之亡魂。

世界上許多宗教都有天堂地獄之説，稱現世行善者死後上天堂，作惡者死後入地獄。能否免除地獄之苦呢？道教宣稱人生前應皈依道教，從善除惡；臨終受三歸，懺悔罪孽；亡後立壇誦經超度。僅此還不够，道教的高明之處，在於造作出內蘊豐富的燈儀，要從根本上擊破地獄，拔度幽魂出獄，這是其他宗教所不可企及的。

能拔度幽魂出獄的神靈，就是道教尊神太上老君。破獄燈儀中法師念敕赦咒說：

無上玄元，太上道君，赦臣行符，照破幽獄，死魂出離。急急如太上律令！

只要人世間存在黑暗和苦難，人們對光明的追求就不會停止。燈儀充分表現出道教對光明的追求，道教燈儀從唐宋演習至今，燈具已從古代的燭燈、油盞燈，發展至煤油燈、汽油燈、電燈、霓虹燈。伴隨人們對光明的孜孜的追求，道教燈儀仍將演習，不會終止。

(三) 拜斗科儀

1、星斗崇拜

朝真拜斗，是道教齋醮科儀的內容之一。道教崇拜北斗、南斗、東斗、西斗、中斗，稱為五方星斗崇拜，其中以北斗崇拜和南斗崇拜最盛行。至唐宋時期，星斗崇拜的發展，已形成了齋醮中的北斗科儀和南斗科儀。

中國古代民間信仰就崇拜星斗。古代天文學家將天分為三垣二十八宿。三垣即紫微垣、太微垣、天帝垣，二十八宿是東方蒼龍七宿，北方玄武七宿，西方白虎七宿，南方朱雀七宿。北斗七星在天之北方，七星是天樞、天璇、天璣、天權、天衡、闓陽、瑤光。《史記·天官書》說北斗七星可分陰陽、建四時（春、夏、秋、冬），均五行（金、木、水、火、土），移節氣（二十四節氣），定諸紀（年、月、日、星辰、曆數）。《晉書·天文誌》說北斗七星：樞為天，璇為地，璣為人，權為時，衡為音，開陽為律，瑤光為星。北斗七星主日月五行，與人們生活息息相關，故在衆星辰中，古人最崇拜北斗。

南斗六星，《星經》說主天子壽命，亦司宰相爵祿之位。《上清經》說南斗六星司君主延壽，南斗六星是：第一天府司命星君，第二天相司祿星君，第三天梁延壽星君，第四天同益算星君，第五天樞度厄星君，第六天機上生星君。

道教創立之初，就承襲了民間的星斗崇拜。東漢魏伯陽撰《周易參同契》，就有『履罡步斗宿』之說，此對齋醮中步罡踏斗法術的形成有直接影響。《漢天師世家》說道教創始人張陵之母，夢神人自北斗魁星中降，感而有娠，後遂生張陵。三國時，吳國大將呂蒙病危，孫權請道士設醮向北斗乞命。

唐宋時期編撰的《太上玄靈北斗本命延生真經》、《太上玄靈北斗本命長生妙經》、《太上說南斗六司延壽度人妙經》，宣稱東漢永壽元年（一五五年），太上老君化身下降至蜀，在正月七日授天師張陵北斗經，正元十五日授南斗經。北斗七元與南斗六司分掌水火，萬物無不繫其簿籍，南北二斗註擬天人之爵秩，增減士庶之祿俸，延促年齡，去留災福，都由二斗司察掌奪。

尤其是北斗，被視為人神主宰，萬星教主。《太上玄靈北斗本命延生真經》說：

北辰垂象，而衆星拱之，爲造化之樞機，作人神之主宰。宣威三界，統御萬靈，判人間善惡之期，司陰府是非之目。五行共稟，七政同科，有回死註生之功，有消災度厄之力。

道教賦予北斗建四時，均五行，生殺萬物，統治天地之職能。《太上三官北斗真經》將北斗七星命名為：魁、魒、魖、魓、魋、魌、魖。其中魁是北斗第一星，道教宮觀多建有魁星閣，即為朝真拜斗之用。

《天皇至道太清玉册》稱北斗七星為七元解厄星君：貪狼，巨門，祿存，文曲，廉貞，武曲，破軍。說奉道者拜禮北斗七元星君，可消災解厄，保命延生。

道教認為逢三元、八節（立春、立夏、立秋、立冬，春分、秋分、夏至、冬至）、本命生辰日，北斗要巡視下界，司察人間功過善惡，如有犯惡者，將被打入地獄，永囚苦海。

到唐宋時期，道教的北斗信仰已趨於完成。北斗被視為司性命，判生死，運陰陽，建歲時，分晝夜，立寒暑，明貴賤，化賢愚，主禍福，振紀綱，開解謝之門，指延修之經，上至帝王，下至士庶，都由七星主宰的神靈。

道教宣稱持誦北斗經，可消除罪業，洗蕩災愆；人有急難，焚香誦北斗經，即可保安泰。《太上玄靈北斗本命延生真經》卷四，宣揚北斗經的功用說：

家有北斗經，宅舍得安寧；
家有北斗經，父母保長生；
家有北斗經，諸厭化爲塵；
家有北斗經，萬邪自歸正
家有北斗經，營業得稱情；
家有北斗經，閫門自康健；
家有北斗經，子孫保榮盛
家有北斗經，五路自通達；
家有北斗經，衆惡永消滅；

家有北斗經，六蓄保興生；
家有北斗經，疾病咋痊瘥；
家有北斗經，財物不虛耗；
家有北斗經，横事永不起；
家有北斗經，長保亨利貞。

道教賦予北斗消災解厄延壽之功能。《太乙火府奏告祈禳儀》說大聖北斗七元君，能解三災厄、四煞厄、五行厄、六害厄、七傷厄、八難厄、九星厄、夫妻厄、男女厄、產生厄、復連厄、疫癘厄、疾病厄、精邪厄、虎狼厄、蟲蛇厄、劫賊厄、枷棒厄、横死厄、咒誓厄、天羅厄、地網厄、刀兵厄、水火厄、一切厄。《太上玄靈北斗本命延生真經註解》在北斗解諸厄下，都配有一段頌文，如解六害厄頌文是：

七元大聖智通幽，六害緣何敢出頭。
風掃暮雲山不動，月沉寒浪水湍流。
空因實相知真相，塵睹貪憂覺幻憂。
但肯日時生鑑戒，自然光滿四神州。

而祈請北斗消災度厄，延年長生的方式，就是上章投詞，設醮祈請，焚香誦經，廣陳供養。唐宋星斗崇拜的盛行，在齋醮儀式中衍生出禮斗科儀。

2、告斗儀式

禮斗又稱告斗。相傳最早的禮斗是漢代的張渤，他居橫山學道，昕夕禮拜北斗，後來終於得道，就在山巔建北斗殿。後世各大名山道教，一般都在高山之巔建禮斗臺，以作告斗之用。

告斗科儀形成於唐宋時期，後來成為道教正一派的主要科儀之一。告斗科儀與燈儀有密切關係，二者可配合使用。道教告斗科儀有：《北斗七元星燈儀》、《北斗本命延壽燈儀》、《南北延壽燈儀》。杜光庭《道門科範大全集》收録的告斗科儀有：《南北二斗同壇延生醮儀》、《南北二斗同醮儀》、《南北二斗同醮寶燈儀》、《北斗延生清醮儀》、《北斗延生儀》、《北斗延生懺燈儀》、《北斗延生醮說戒儀》、《北斗延生道場儀》。其中《南北二斗同醮儀》分清旦行道、臨午行道、晚朝行道三場法事；《北斗延生道場儀》分啟壇行道、靜夜行道、設醮行道三場法事。《藏外道書》中的《廣成儀制》收有《南斗煉度全集》等。

告斗科儀供奉的主神是斗姆，斗姆尊稱中天梵炁斗姆元君，為北斗衆星之母，有生成人物，煉度鬼神，治天地人鬼種種不祥之法力。《玉清無上靈寶自然北斗本生真經》說斗姆為龍漢周御王妃紫光夫人，生有天皇大帝、紫微大帝及北斗七星九子。道教有《太上玄靈斗姆大聖元君本命延生心經》、《先天斗姆奏告玄科》。

告斗科儀中的斗姆神像有三目、四首、八臂。斗姆八臂中，正中兩手合掌作手相，其餘六手各執日、月、寶齡（延壽的信鈴）、金印、弓、戟。

告斗科儀供奉的副神是斗姆手下的九辰星君，即：北斗陽明貪狼星君、北斗陰精巨門星君、北斗真人祿存星君、北斗玄冥文曲星君、北斗丹元廉貞星君、北斗北極武曲星君，北斗天關破軍星君、北斗洞明左輔星君、北斗隱元右弼星君。九辰星君又稱九皇，分別主領壇場各方醮事。

告斗科儀舉行時日，在三元八節，本命生辰，北斗下巡之日，嚴置壇場，轉經齋醮，依儀行道。本命，是人出生所屬六十甲子干支之年，其干支即為本命。如甲子年生，即甲子為本命。北斗下巡之日，道教規定每月有幾天為北斗下巡日，如正月是二十五日、二十六日，凡遇庚申甲子日，每月三七日，也是北斗下巡之日。

舉行告斗科儀的緣由，是齋主遇有危厄之事。道教認為：凡夫在世，迷謬者多，不知身屬北斗，命由天府。有災有患，不知解謝之門；祈福祈生，莫曉皈依之路。致使魂神被繫，禍患來纏。或邪妖克害，連年困篤，冢訟徵呼，先亡復連，或上天譴責，或下鬼訴誣。如遇此危厄，急需投告北斗，醮謝真君。認本命真君，方獲安泰，以致康榮。

告斗科儀的程式，據《南北二斗同壇延生醮儀》，其舉行程式是：

（1）法事昇壇如式。即高功法師率衆經師按科儀進入壇場，先舉行清淨壇場的儀式。高功持籙仗劍，佈炁分真，念淨穢咒，堵塞妖魔鬼怪進出的鬼門，次留人門，上開天門，下閉地户，使凶穢滅跡，為迎請衆神到壇作準備。

（2）各禮師存念如法。高功存思八卦，內藏璿璣，二十八宿分佈四周，通過存思，使人間醮壇化為神壇。

（3）宣衛靈咒。法師向神誦念衛靈咒：

五星列照，煥明五方。
水星卻災，木德致昌。
熒惑消禍，太白辟兵。
鎮星四據，家國利亨。
名刊玉簡，字録帝房。
乘飈散景，飛騰太空。
出入冥元，遊宴十方。
五雲浮蓋，招神攝風。

役使萬靈，上衛仙翁，
與道合真。

（4）鳴法鼓二十四通。高功當門上下齒相叩叫鳴法鼓，每八通小停，二十四通以象徵二十四氣。鳴法鼓以內集神氣，外威魔靈。高功說文：

無上三天玄元始三炁、太上道君、太上老君，召出臣身中三五功曹、左右官使者、左右捧香驛龍騎吏、侍香金童、傳言散花玉女、五帝直符、直日香官，合三十六人出。出者嚴裝顯服，冠帶垂纓，關啓玄壇土地，方域神真。臣今設醮行道，謹奉爲入意，其諸誠悃已録告聞。願得太上十方正真道炁、靈寶瑞光下降，流入臣身中，令臣所啓，速達徑御至真無極大道昊天玉皇上帝御前。

（5）請稱法位。表白法師念『請稱法位』，高功即對神恭述自己的法位、姓名。然後高功說文：

臣某與闔壇衆等，今正爾燒香，以是功德，奉爲天子王侯，百辟僚屬，經籍度師，山木巖棲修真之士，同學之人，九親姻族，天下人民，飛行動植，一切衆生。今故燒香，歸身歸神，歸命太上十方靈寶自然至真無上大道，乞賜原赦臣法衆等及醮主某家前世今生無邊之罪，得免離三災八難衆惡之中，使智慧圓明，魂神澄正，出羣迷之徑，登衆妙之門，身得道真，飛行虛空，白日昇天，侍衛道君，逍遥無上金闕七寶自然宮，永與道合。所啓通感上御至真無極道前。

（6）禮十方，懺悔。高功執簡行十方禮，焚香代齋主向神懺悔。

（7）重稱法位。高功再次向神稱自己法位、姓名，然後說文：

臣某與闔壇衆等，謹同誠上啓虛無自然元始天尊、太上大道君、太上老君、昊天玉皇上帝、九皇上真、十方已得道大聖衆、至真諸君丈人、三十六部尊經、玄中大法師、圓穹玄象、日月星辰、北斗尊帝、七元輔弼星君、南極大帝、丈人司馬、六司星君、本命元辰、洞天海獄、三界官屬，一切真靈。

高功迎請衆神下界光臨，衆神從遥遠的九重天降臨法壇，以聽從高功神符調遣。高功念變神咒，祈請神形速現。各路諸神到壇，以掃除各路魔障，清除塵世之穢，才能使齋主得壽延年。高功接着說文：

臣等伏聞大道無形，孰究希微之旨；至真降世，漸開汲引之門。感引誓於天師，降真旆於蜀郡。龍軒所至，玉局在前。首談北斗之經，次演南昌之旨。道存水火，職隸死生。明於離者爲陽動之官，乃常靜而不變；習於次者稟一元之數，則密運以無方。是知經首之幽微，昭示定觀之宗趣。……某囿形器於兩間，稟精神於一炁，識暗衛生之理，智昏慮患之機。幸真科開悔謝之門，使迷徑有亨通之路。式啓紫壇之醮，特延玄象之旆，對越光靈，道迎林德，屬臣關告，敢不上聞。

（8）宣詞。高功宣說詞文，先念一段華麗的駢文，為讚頌醮壇之詞，接着說：

伏願太上三尊、十方大聖、玄中大法師垂神鑑映，省覽所陳，敕勒靈寶官屬，侍經威神，絳章綉衣之官，犫羊陀羅之使，遊空飛步，臨集壇場，録善表功，門聞穹壤。更覬流精散炁，營衛臣及弟子等身，清蕩內外，降伏妖魔，通達虛無，咸降真聖，使齋功成就，無有窒滯，明晨行道，續更啓聞。

（9）十二願。高功代齋主發十二願。各種齋醮，幾乎都有發十二願這一程式，齋醮科儀不同，發願的内容也不同。陰醮法事通用的十二願是：一願人無夭横，二願澤及漏泉，三願冤仇解釋，四願苦爽陞遷，五願冢訟俱息，六願復連不纏，七願九龍馳命，八願魂門煉仙，九願幽牢罷對，十願七祖生天，十一願朱陵受度，十二願坐致自然。

（10）復爐。法事臨近結束，高功復爐，將身中之神收回。高功説文：

謹攝香官使者，左右龍虎君，侍香諸靈官，當令臣向來啓壇行道之所，自然生金液丹碧，芝英百靈，衆真交會在此香火爐前。當願十方仙童玉女，接待蘭煙，傳臣向來所啓之誠，速達徑御至真無極大道昊天玉皇上帝御前。

衆經師誦《出堂頌》：

道以齋爲先，勤行登金闕。

故設大法橋，普度諸天物。

宿世恩德報，道心超然發。

身飛昇仙都，七祖咸解脱。

高功與衆經師出户，法事結束。

以上是告斗科儀的範本程式。實際演習時，法師據此範本，在音樂伴奏，步虛聲中，運神掐訣，步罡踏斗，焚香誦咒，請神告斗，儀式演習細膩而豐富。

當代道教的告斗科儀，以正一道較多舉行。高功率四班首主持法事。儀式開始後，高功焚香禱告斗姆，召請九鳳破穢宋將軍及解穢衆官將到壇。齋主上奏表文，禱告北斗，表示奏告之誠，延壽之心。高功宣秘咒，目運斗姆諱。所謂目運，即高功運身中先天之炁，由丹田發出，由心至目。心乃身之主，目乃心之户，斗姆諱由『敕雍丸』三字組成，目運斗姆諱是恭請斗姆的信號。

接着高功禱告北斗七星，迎請衆神到壇。高功用斗姆手中金印，存想金光罩身，變身為仙官，然後飲神霄炁，叩齒接神霄印，如此高功就可代神使法，驅邪制鬼。壇場法鼓三通，召集諸神，高功焚香送符命，召請當年當月當日當時值事功曹（天庭值班神）即刻到壇。

高功『召將』，伏請衆神嚴肅威儀，整齊隊伍，護衛壇場，化現神光，掃除氛穢，迎接斗姆降壇。然後呈報牒文，由中斗通事林舍人，遞傳斗中延生保命真君。在斗中巡視的張使者，見神符牒文，即召解冤使者、地司太歲、斗中解厄靈官、七元值壇神將、報應大神、斗府元曹及城隍、土地等隨符顯化，佑助延生真君，使齋主延年益壽。

當代道教告斗科儀的重要關目是請光破幽，這是禮斗科儀與燈儀的融匯。請光破幽是高功借九辰星燈之光，採先天法象之炁，燃燈告符，掃除魔障，使齋主安全到達生命的彼岸。此時高功存思斗姆真形顯現。自九重天樓降入玄關，心腎二炁閉。高功存思斗姆，有延生拔難之功，度厄消災之力。

最後，高功禱告九皇。高功運神掐訣，以己身丹田之功，陽氣之神，稟告九皇，呈牒上表。又傳北極聖旨，奉告齋主根罪除惡，禱告日宮月府，撤銷齋主落死之名，消除災星，至此，齋主得以增延福壽。高功運神收罡，謝師送斗，告斗科儀結束。

（四）施食科儀

1、祭煉科式

施食也稱『斛食』，俗名『焰口』。在道教豐富的齋醮儀式中，施食是有悠久歷史，傳承綿遠、流佈廣泛、最具代表性的儀式。斛食科儀全稱是《先天斛食濟煉幽科》，相傳創始於太極仙翁葛玄，故稱『太極祭煉法』。祭，即設飲食以破饑渴；煉，即以精神開其幽暗。此法建齋醮煉道場，演斛食濟幽法事。《太極祭煉內法》載元至樂道人徐善政序文說：

靈寶出書，自古高仙上士得之者，上可以消天災，保帝王；下可以濟拔死魂，開明長夜。其度人無量，著於秘典尚矣。其中祭鬼煉度內法，自晉太極葛仙翁修此道於會稽上虞山中，功成道路，上昇雲天，由是以來，靈寶之妙，師師相傳，祭煉之法，從茲衍矣。

煉度魂爽，是靈寶齋法之要，而煉度之簡捷，猶以祭煉事略而功博。道教有死魂受煉，生身受度之說，人死魂昇魄降，是死亡的正常現象，但有的魂魄不能昇降，而淪滯於昏冥之中，難耐饑渴黑暗之煎熬，而經設斛食祭煉，淪滯之徒，釋然如冰消凍解，復其本真，昇於高明。

斛食科包括煉度、超幽、施食的三項內容。道教煉度之法，即以法師身中陰陽造化，混合天地陰陽造化，使死魂復得真精，與道合真。煉度方法簡潔，蘊意深沉，濟度廣博，功用頗大。道教煉度法共有七階，除太極祭煉內法外，還有清微煉度法、玉陽祭煉法、淨明一暘煉度法、靈寶煉度法、玉宸經煉法、三光煉度法。

超幽之法與超度相同，作用是拔度冤魂，冰消萬罪，和釋冤仇，各昇天界，永脱沉淪。

施食之法，即宣説靈章，咒施法食，使三途五苦，盡得沾濡，十類四生，悉皆飽滿，即超陰境，共涉仙鄉，三途是道教所謂的三惡途：地獄道猛火燒之處為火途；畜生道互相噉食之處為血途；餓鬼道被刀劍等逼迫之處為刀途。或以天途、地途、水途為三途，也以風途、火途、湯途為三途。五苦指地獄五道之苦：刀山之苦，劍樹之苦，銅柱之苦，鑊湯之苦，溟泠之苦。四生指胎生、卵生、濕生、化生，四生與六道：天道、神道、人道、畜生道、餓鬼道、地獄道，合稱為十類。

施食科儀在唐代已經十分盛行。唐人歐陽詢《藝文類聚》卷四記中元節施食科儀說：

> 七月十五日，中元之日，地官校勾，搜選人間，分別善惡。諸天聖衆，並詣宮中，簡定劫數，人鬼傳籙，餓鬼囚徒，一時皆集。以其日作玄都大獻於玉京山，採諸花果，珍奇異物，幢幡寶蓋，清膳飲食，獻諸聖衆。道士於其日夜講誦是經，十方大聖，齊咏靈篇，囚徒餓鬼俱飽滿，免於衆苦，得還人中。

宋代行施食科儀更甚，遇三元八節，四赦庚申，甲子生辰，旦望上七等日行施食科儀，被認為是最佳時日。行祭煉科儀的道經文本，流播廣泛，宋代道士金允中所見祭煉之書，不止數十本，內容大體相同，但祝辭摻入各地方言，說明施食科儀流播各地，經長期演習，已形成地方風格。

據金允中《上清靈寶大法》記載：宋代盛行煉度科儀，浙江地區專設煉度堂，排列煉度帝真仙衆聖位有：東方青帝君、南方赤帝君、西方白帝君、北方黑帝君、中央黃帝君、度人不死尊神、度世司馬大神、好生韓君丈人、司命司録君、延壽益算君、度厄上生君、陶魂鑄魄君、朱陵火府官將吏兵、南昌受煉官君將吏、龍威丹天大神、覆相反身大神、皓華玄英大神、返形超化大神、九光火鈴童子、東井黃華玉女、火池主者火煉官將、水池主者水煉官將、靈寶大法司官君將吏、黃籙院昇度官君將吏、九天監生官將吏兵、品命度生官君將吏。煉度堂設聖像几案，供養如法，以冶煉亡靈，遷升幽爽。（參見圖二〇）

《靈寶玉鑑》記載宋代設斛食壇場茭郭式。凡建大齋，必當建立茭郭，普度亡魂。茭郭用茭草或淨茅，按城郭之義建立，故稱茭郭。茭郭分列八門：杜門、景門、死門、驚門、開門、休門、生門、傷門。各門有額，列八門幡，各按分野建九州大社會旗。茭郭中央建大斛，或列四十九小斛，左右列甘露、寶漿二幡，前立水盆，用鐵跡臺章符沉於水中。又設臺章大牌和鐵跡臺字幡、寶光章字幡。建茭郭之時，法師定炁存神，依科行事。正齋之時，行香誦經，濟度衆魂。（見圖二一）

古代施食用米一升或數升。煮熟製成淨飯，切忌葷穢，將做熟的淨飯裝成一小斛，待施食科儀時使用，這叫做『造斛』。當代道教舉行施食科儀，用生米平鋪盤內，法師施咒，隨召隨施食於場內。

明初朱元璋敕命編撰的《大明立成玄教齋醮儀》，是建度亡醮三天法事的範本，其中第

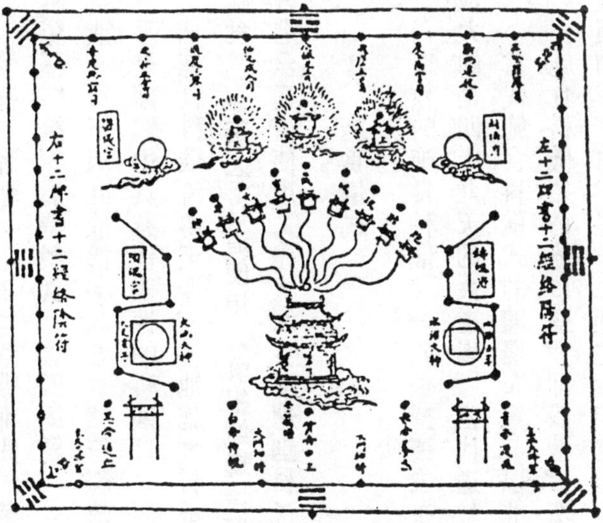

圖二十　靈寶昇仙煉度壇式

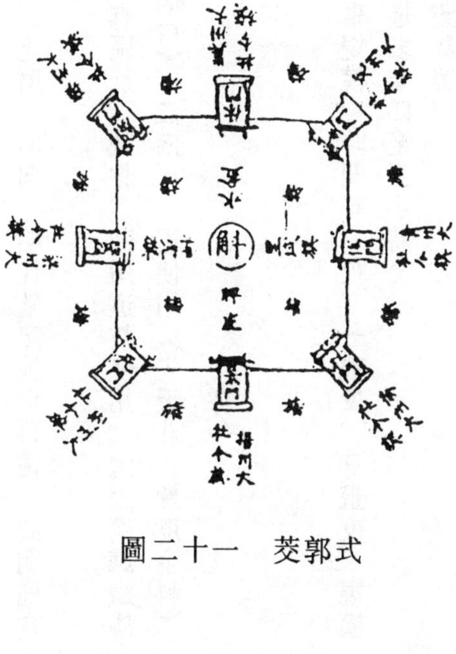

圖二十一　茭郭式

三天法事的主要內容是『靈寶設斛科』，即舉行施食科儀。科儀程式有：（1）稱揚救苦慈尊，焚符，灑淨；（2）誦豐都咒，焚召魂符，召孤，吟偈；（3）沐浴念咒，焚冥衣，焚解冤釋結符，加持斛食，念五厨經；（4）散施斛食，念太一救苦慈尊，行煉度符；（5）傳戒，行三皈九戒禮；（6）讀符牒疏，送亡，化財，回向。明代欽定施食科儀，說明施食確乎是齋醮中具有代表性的科儀。

施食科儀流傳至今，各地施食科儀經本略有區別。陝甘、四川道教使用《太上濟煉鐵罐施食》，江南全真道使用《薩祖鐵罐煉度施食焰口》，江南正一道使用《先天斗姆煉度金科》，香港全真道使用《先天斛食濟煉幽科》。

2、施食儀式

道教的施食科儀，一般根據齋主布施定法事規模，時間有一夜，一晝夜、三晝夜，規模最大的是四十九天的大道場。當代道教施食科儀多為四至五小時。

當代施食科儀式的壇場布置，以北京白雲觀為例：

施食科儀須搭焰口臺，即設壇。壇場中間設焰口臺，左邊孤魂案，右邊鬼王案。焰口臺設高功、表白、提科三經主位，臺桌上置朝簡、靈幡、法鈴、如意、振壇木、水盂、米盂、楊柳枝、令牌、香爐、三寶印等法器。

鬼王案中掛鬼王圖，案桌上點三炷香，二支蠟，擺五供。案桌前掛繪有仙鶴圖的桌圍。

孤魂案中貼黃榜文，是關於齋主放焰口的介紹。案桌上設靈位，每一個孤魂點一炷香，擺四供，桌兩旁點兩支蠟。案桌前也掛繪有仙鶴圖的桌圍。

施食科儀中要預先準備的文書和符籙有救苦表、大榜文、意文、十傷符、普召牒、資度牒、資度關和生天寶籙等。

施食科儀開壇時，高功發鼓集衆，經師班齊，高功依科演習施食科儀。科儀範本，在《廣成儀制》中，收録有《鐵罐斛食全集》、《青玄濟煉鐵罐施食全集》（即《太上濟煉鐵罐施食》），清代較為流行。今以中國道教學院副院長閔智亭道長演習的施食科儀來作介紹，閔道長長期居華山修煉，是當代著名高道，他依據的範本是《太上清微濟煉救苦鐵罐鴻儀》，演習時即『照本宣科』。

施食科儀的演習程式是：

（1）發牒上疏，念城隍誥。

科儀開壇，高功發鼓集衆，衆經師按儀入壇。高功依科發城隍牒，上救苦疏。高功步虛、揖讓畢、拈香説文：

城隍主宰，掌握萬民之禍福；天曹真師，判斷生死之吉凶。凡申祈禱，必叩威靈。

高功舉：威靈感應天尊。起吊掛：

道香德香無爲香，無爲清靜自然香。
寶香焚在金爐內，香雲繚繞達上蒼。
奉請高真臨法會，迎迓衆聖赴道場。
保佑衆等增福壽，合家信士保安康。
香供養，威靈感應天尊。

高功接着說文：

伏以恭祝寶香，玉爐焚瑞氣，祥光滿太空。迎請威靈來降鑑，廣佈神化赴壇庭。奉請本市城隍土地威靈有感尊神座前，三十六曹、七十二司、速報司、現報司、賞善司、罰惡司。牒文到時，速赴青華寶壇，監發牒文。符差符使，冥資等項。合廟侍從，一切威靈，悉儀真香，普同供養。向神啓請。諒沐光臨，今有城隍牒文，謹當宣讀。

事先寫好的城隍牒文，由表白法師宣牒畢，高功命於壇前香爐，焚化牒文。高功念城隍誥：

志心皈命禮，證盟奕吏，縣邑主宰。掌陰符往劫之事，判陽間善惡之神，赫赫有感，明明無私。察衆生之暗昧，體大道之慈仁，存鑑功過，毫厘無失。大悲大願大聖大慈，縣邑主宰，威靈感應天尊。

高功提綱：

愛河千尺浪，苦海萬丈深。

表白法師接：

欲免輪迴苦，大衆稱天尊。

高功起天尊板：太乙救苦天尊。

（2）高功出壇至靈位前，刹板。高功説文：

法是道中玄，毫光照大千。
尋聲來救苦，亡者早昇天。

提科法師舉：昇天得道天尊。高功起『千倒拐』韻，誦救苦誥：

種種無名是苦根，苦根除盡善根存。
但憑慧劍威神力，跳出輪迴無苦門。
道以無心度有情，一切方便是修真。
若皈聖智圓通地，便是昇天得道人。

法師放幡、執水灑法水。高功嘆文：

伏以雲散天光無影，風來水面拂塵，人生幻化自古今，皆因情慾所困。奉勸真靈速醒，須向體前尋真，承此經功道力深，好把輪迴躲盡。今本月某日齋主某，延仗黃冠羽士，就於本處設立法臺，判放薩祖鐵罐斛食一筵，祈恩超度當齋正薦某真性形魂，付度本門中先遠三代宗親，並及此境界内四維上下，五音男女，一切無祀孤魂滯魄。惟願聞經聲之召請，勿辭千里之遥，來赴法筵，聞經受度，華幡召請，來臨法會。

高功接嘆韻文：

雲愁霧慘漏更長，今日追薦痛哀傷。
肅肅簾幕安靈位。寂寂深堂徹孝牀。
霞衣童子站兩廂，黄冠羽士誦靈章。
慈悲真人來接引，亡魂從此返仙鄉。

羽衆慈悲，稱揚引導，高功起天尊板：太乙救苦天尊。

（3）至孤魂案前，祭孤。高功剎板，説文：

出離地獄到天堂，此處登高莫可量。

任是王侯並宰相，也來參禮見法王。

提科法師起祭孤生神偈：

太微回黃旗，無殃命靈幡。
攝召長夜苦，開度受生魂。
九幽拔罪天尊。

高功接說文：

伏以此香者，根盤閬苑，枝運蓬壺，得之者枯骨更生，聞之者飛潛隨性。香上爐中，騰空供養，沃焦山下，幽冥教主，鬼王大帝麾下。惟願衆魂今夜承白簡，靈光一點聚丹田，恭望靈聰，俯垂證盟。

提科法師舉：九幽拔罪天尊。高功說文：

十方救苦放祥光，照破銅城鐵壁牆。

提科法師接：

亡者隨光旋轉動，出離幽冥赴道場。

高功起『柳枝雨』韻：

柳枝雨灑法筵中，慈雲擁在霄漢宮。

幽魂咽喉悉潤通，九頭獅子下九重。

高功放幡，執水、米盂，天目書救苦諱，米盂、水盂各書二諱，蓋以金光篆，步五常罡，剎食畢。執幡，剎板，高功説文：

救苦天尊誓願深，甘露灑開地獄門。

若要亡魂昇仙界，大衆回壇稱天尊。

（4）回壇，上救苦疏，稱法位，念青華誥。

羽衆恭虔，引導回壇，高功念天尊板：太乙救苦天尊。至壇前刹板，高功上救苦疏：

夫香者，飛雲結篆，明德維馨。陽氣昇騰，丹鼎運元神之火；回風混合，玄關靄太素之煙。非草木臭穢之彝倫，迎青華慈尊而降格。傳香有謁，寶號稱揚。

表白法師舉：香雲達信天尊。高功提綱：

一炷真香烈火焚，金童玉女下遥聞。

表白法師接：

此香願達青華府，奏啓太乙救苦尊。

高功起三上香韻，步三寶罡，誦韻：

稽首先天一炷香，香雲繚繞遍十方。
此香願達青華府，奏啓太乙救苦尊。
稽首先天二炷香，香雲繚繞遍十方。
此香願達朱陵府，奏啓十方靈寶尊。
稽首先天三炷香，香雲繚繞遍十方。
此香願達黄華府，奏請道場諸聖尊。

高功發爐，念上手爐香咒：

道由心學，心假香傳。
手執玉爐，心存九天。
真靈下盻，仙旆臨軒。
令臣關告，逕御三天。

高功接念威靈咒：

青華妙嚴，慈相億千。
身居長樂，安座金蓮。
慧光無礙，照諸幽泉。
甘露流潤，遍灑空玄。
枯骸朽骨，咸得光鮮。
拔度沉溺，不滯寒淵。
臣等皈命，與道合真。

提科法師提：恭對法臺。表白法師接：請稱法位。高功稱職：

臣係太上無極大道，玉清金笥寶籙，混元紫府，選仙上品，秉東華演教，龍門正宗，丘大真人門下第幾代妙道弟子某。臣率領合壇兩班道衆人等，今據中華民國某省某縣某觀棲居焚修弟子某，奉道設壇諷經，今值天運某年某月某日，恭逢某良辰之日，虔誠於本觀設立法臺，判放薩祖鐵罐斛食一筵。祈恩升度本觀前羽後化各派霞靈等衆，及此境內十類無祀孤魂滯魄。惟願天尊垂慈，大賜恩光接引，拔度沉溺，離諸苦趣，超昇仙界。

以下高功請聖班，啟告諸神靈，念白：

臣等下情無任，不勝懇禱之至，誠惶誠恐，稽首頓首，爐焚真香，虔誠上啓：東極宮中太乙救苦天尊，南極宮中朱陵度命天尊，西極宮中黃華蕩形天尊，北極宮中玉眸煉質天尊，中極九幽拔罪天尊，生天得道天尊，慈光接引天尊，大慈大悲大惠真人，大慈大悲救苦真人，西河救苦薩翁真人，十方救苦靈寶天尊，九天自然生神上帝，救苦會中無鞅衆聖，三元三品三官大帝，東嶽天齊仁聖上帝，五嶽四瀆四天上帝，北極豐都玄卿大帝，冥府十王慈仁真君，三元直事神虎何喬二大元帥，追魂靈童，攝魄玉女，地道功曹，冥陽開路五道將軍，溟冷大神，護送神員，泰山城隍，沿路土地冥關幽壤主直威靈，悉仗真香，普同供養。

高功俯伏誦念：

伏願暫離雲宮，下降香壇，潔備頻繁之儀，俯賜歆鑑之誠，今有救苦疏文，恭對敷宣。

表白法師宣疏畢，高功接說：

向伸疏文，宣白雲周，於就神前，用憑火化。

高功接念青華誥：

志心皈命禮，青華長樂界，東極妙嚴宮，七寶芳騫林，九色蓮花座，萬真環拱內，百億瑞光中，玉清靈寶尊，應化玄元始，誥劫垂慈濟，大千甘露門，妙道真身，紫金瑞相，隨相赴感，誓願無邊，大聖大慈，大悲大願，十方化號，普度衆生，億億劫中，度人無量，尋聲赴感，太乙救苦天尊，青玄上帝。

高功起身讚：

青華教主，太乙慈尊，玉清應化顯金峰，大千甘露門，接引亡靈，永出愛河津。

齋主化表。刹板，高功説文：

伏以雲程千萬里，頃刻可達三十三天上。是乃臣等登上寶壇，拜呈救苦疏文一函，仰煩值日受事功曹賚捧疏文，上詣東極青華妙嚴宮呈進。伏願疏文上達，恩命下頒，志心稱念，飛雲捧送天尊，不可思議功德。

（5）舉行讚臺科。

高功拈香説文：

臣聞道無可道，五千言開大道之宗；法裔嗣法，億萬劫合玄法之典。臣功無寸積，敢云啓後承先，嗣教系有別傳。當茲濟幽而利顯，仰仗慈尊加護，帥將扶持。佈靈寶之金光，致使昏炬照夜府；聞天尊之寶號，由是火宅以清涼。法師登臺，闡揚妙典。

表白法師執幡立於臺上，説：

伏以青華演教，宏開救苦之門；西蜀傳經，廣演度人之典。玆者瑤壇星拱，寶籙雲開，羣沾玉局之森嚴，共睹琅函之璀燦。仰維法駕，俯賜臨軒。積九還七返之功，同歸太極；解三塗五苦之衆，出離輪迴。物我均沾，幽明兩利。須至登壇迎迓者。

高功在臺下接說：

太極親傳須自煉，自煉功夫人不見。

表白法師在臺上接說：

採得坎離結嬰兒，相配龍虎生雷電。

高功說：

度幽魂，煉宗眷，慢上重樓十二院。

表白法師說：

泥丸宮內會羣仙，逍遥俱赴蟠桃冥。

高功問：

此臺高不高兮？

表白法師答：

去頭三尺。

高功又問：

低不低兮？

表白法師接答：

去地五丈。

高功說：

是昔太上說法。

表白法師接：

今夜度人無量。

提科法師舉：度人無量天尊。表白法師下臺歸班。高功說：

好個法王寶座，巍巍玉局層臺。

表白法師接：

浮空妙氣於徘徊，一切羽士讚妙齋。

高功說：

七寶林中七寶臺，寶林寶樹寶花開。

表白法師接：

若要亡靈昇仙界，請師登上法王臺。

高功提綱：

太上說法爲教立，拔度亡者出迷途。

表白法師接：

臣今端簡法臺下，端聽三聲鳴法鼓。

醮壇從經師各執其事，執鼓師發鼓三通。

（6）經主上臺，高功執簡行『十方禮』拜坐，告簡，掐子午訣，袖手掩面，躬身存神，默運救苦諱。

高功默念召神咒：

吾存自己頂靈光，五色具現正額堂。
救苦天尊垂寶相，蓮花九品法中王。
手執楊柳灑甘露，普照地獄化天堂。
金光灼破幽冥獄，逍遙快樂喜無量。

高功默念咒變神時，表白法師燃表，在高功前書護身符等。高功至放訣案前，雙手捧白鶴訣請令，執令拈香，默運三清諱上香。然後雙手舉玉文齊眉，天目書『玉帝諱』，默念咒：

玉帝所賜，敕召萬神，敢有違令，化作微塵，道香一炷，十方肅清，發鼓三通，萬神咸聽，諸師將師，速現真形，急急如律令！

高功令在爐上書香雲篆，在案上書通天諱，掐玉紋，放玉紋，左手執令，右手叉腰步八卦罡，念咒：

唵吽吽，乾宮開天門，兌澤統雄兵。艮山封鬼路，離宮駕炎龍。坎水湧波濤，坤地留人行。震宮轟霹靂，巽風吹山崩。吾在中宮立，八卦護我身。

高功三揖至案前，拈香三枝，令於案上書三十六雷總諱，左手在爐上三度，三擊令，擊令時默咒：

一擊天門開，二擊地户裂，三擊萬神降，聞召速來臨。唵吽吽，吾奉青玄上帝敕！

高功令於左袖口書離卦，加書五雷諱，蓋金光篆，右手掐劍訣，叉腰步九幽罡，念咒：

北斗七元君，天罡大聖神。
驅邪大法王，天真護我身。
通明三界路，照徹九幽明。
吾奉天地敕，踢破九幽門。
劈開豐都城。吾奉太乙天尊律令敕！

高功步至坤宮，向陰宮書陰救苦諱。三躬至案前，拈香三枝，捧令讓衆，執令上臺，在背書三清諱、玉帝諱、蓋大金光篆，前書救苦諱，經下書欽授二字，然後擊法鼓。

高功提綱：

法鼓三通叩，琳琅徹十方。

表白法師接：

請師登寶座，說法度存亡。

衆經師舉：高昇平座天尊。

高功說：

此座此座非凡座，救苦天尊曾坐過。

提科法師接：

吾今說法度存亡，一切地獄都解脫。

衆經師舉：生天得道天尊。

高功說：

太乙天尊坐蓮臺，十殿閻君兩邊排。

提科法師接：

判官展開生死簿，攝召靈魂受度來。

衆經師舉：法食神變天尊。

高功說：

救苦天尊下降，萬朵金蓮足踏。

九頭獅子出雲霞，五色祥雲捧駕。

提科法師接：

來到昇仙臺上，浮空而坐說法。

拔度亡魂升天霞，早赴蓬萊會下。

衆經師舉：香林說法天尊。

高功說：

太上慈悲寶懺，拔度亡者昇天。
恐墮幽冥在黃泉，全憑道力追薦。

提科法師接：

伸奏東嶽天齊，表奏救苦青玄。
十王判斷早昇天，哪怕三曹對案。

高功說：

法衆虔誠。

表白法師接：

稱揚大讚。

高功起韻：

慈尊。

提科法師接：

九色。

高功掐蓮花訣，放訣，令在米盂、水盂書諱。

加蓋金光篆，同時接上念韻：

（慈尊九色）蓮花座，座座七寶鷲林。

鷲林百億瑞光中，瑞光中現出妙嚴宮。

妙嚴宮中端然坐，坐坐就金容。

金容手執緑楊枝，緑楊枝灑遍虛空。

虛空景界難描畫，畫畫就無窮。

高功邊念韻詞，捧如意兩邊讓座，衆坐下，又執柳枝灑法水，令書空金光篆。

（7）演習『黃籙齋筵』，破獄，施食。

高功執五老冠，燃表繞冠書金光篆，展五老冠於經上，右手執令，左手掐訣，逐一請東西南北中五方天君，降流真氣，拔度幽魂。然後雙手舉五老冠戴上，撮米書秘諱，雙手高舉齊眉，默念『太乙慈尊降甘露』七遍，左右手倒米七次，念畢向臺前撒米施食。

高功演習仰啟咒，三信禮，金爐添炷返魂香。然後演破豐都。

破豐都即破十八地獄。高功鋪米於案，左手掐訣，右手令在米上書諱。每一獄掐訣書諱都不同，至十八獄，令書破獄總諱，擊令破之。後念秘咒：

唵哺喈蘇答哈嗟羅耶耶救苦尊。

一氣念七遍。後又默念：

嗚輪金義阿哪波遮耶。

此時高功存想九幽十類，盡皆光明朗照。

高功行『五供養』，即香、花、燈、水、果五供養。高功雙手結印，先後托香、花、燈、水、果，目運秘諱。並依次默念：

以此真香，供養東方青靈始老九氣天君，伏乞降流真氣，拔度幽靈。

以此寶花，供養西方皓靈皇老七氣天君，伏乞降流真氣，拔度幽靈。

以此明燈，供養南方丹靈真老三氣天君，伏乞降流真氣，拔度幽靈。

以此法水，供養北方五靈玄老五氣天君，伏乞降流真氣，拔度幽靈。

以此妙果，供養中央元靈元老一氣天君，伏乞降流真氣，拔度幽靈。

高功行『吾今悲嘆』。高功燒食符於米盂，水符於水盂、令在米盂、水盂內書秘諱。高功掐訣，執水盂，米盂立起，默念追魂咒：

唵卑班，急金急，金金急，金革來臨，來臨，速來臨，降來臨，急來臨，降來臨，來降臨，飛來魂，攝，來臨法會。

此咒應一氣念七遍，三氣二十一遍。

高功行『小救苦引』。高功『敕幡』。高功存神，在左手玉紋存一『陽救苦諱』，存想救苦天尊在百億瑞光中，以青枝遍灑甘露。令在幡上書秘諱，運天目書二秘諱，默念：

五行造化，不迷真靈，汝無藏避，汝無逃形，一呼即至，速返真形。感此徬徨赴誠吾幡，賜汝靈書朝上清。

高功左手掐聚魂訣，念咒，彈出幡上，執柳枝在幡上書『敕』字，按七星成形，邊書邊念咒：

陽魂返汝形，陰魂赴吾幡。

北斗天蓬敕，玄武開幽關。

三魂勾散缺，七魄莫傾殘。

承此符功力，攝汝赴靈幡。

然後飛斗，陽日飛陰斗，陰日飛陽斗。高功大指彈幡上，令書幡尾秘諱「[illegible]」，此諱左四點象徵胎卵濕化，右五點象徵宮商角徵羽，下六點象徵仙子、人倫、魔靈、地獄、畜牲、餓鬼。高功又行十四召請。

高功行「一炷返魂香」。高功雙手結印，托香目運「陰救苦諱」，令書「金光篆」。

高功行「變斛食」。高功念破豐都咒，大衆同接念咒：

茫茫豐都中，重重金剛山。
靈寶無量光，洞照炎池煩。
七祖諸幽魂，身隨香雲幡。
定慧生蓮花，上昇神永安。
……
寒庭多悲苦，回首禮元皇。
女青靈寶符，中山真帝書。
一念昇太清，默念觀太無。

功德九幽下，旋旋生紫虛。
悲哉苦魂衆，熱惱三途中。
猛火入咽喉，常生饑渴念。
一灑甘露漿，如熱得清涼。
神魂昇大羅，潤及於一切。
二灑甘露雨，五臟悉開張。
咽喉久冷散，得達悟真常。
三灑甘露水，濯體煉金光。
營魂歸太上，朝謁禮虛皇。
衆生多結冤，冤深難解結。
一日結成冤，三世報不歇。
我今傳妙法，解除諸冤業。
聞湧志心聽，冤家自消滅。

念咒時，高功隨咒文内容，左手掐豐都訣，變食訣，燒斛食符，彈於食上，令書斛食太極諱，默念：『黄適牛天二大元帥，變此斛食充滿法界。』掐玉紋，令書諱。念至『功德九幽下』時，高功掐訣，向食默念普照鬼魂咒七遍，放訣，令書諱。念至『猛火入咽喉』時，高功焚咽喉符。念至『我今傳妙法』時，高功雙手掐訣，向食默念開咽喉咒，一氣七遍，然後放訣，令書諱。

高功行『五厨經』。高功執令在斛食上書秘諱，並隨法衆誦五厨經内容，掐訣，噓肝氣，呬肺氣，呵心氣，吹腎氣，呼脾氣，逐一默念五方天君，降真氣入斛食中，以賑濟饑靈。如默念：中央元靈元老黄帝一氣天君，速降真氣，入吾食中。高功令書斛食諱，存想斛食上生花無窮，堆積入山，書三清諱，取柳枝向空書好生諱，以次出食施放。

高功行『生天寶籙』。高功令在虛空書生天諱，掐生天訣，同時念咒：

元始金書，薩公法旨。天官地官水官，唵吽吒唎，天塗地塗水塗，超出慾界色界無色界，直上南昌大羅天。火鈸炎熾，成變八方，速送孤魂，上生天堂。

高功雙手掐蓮花訣，存想衆魂至中宮水火二氣九煉成真，昇泥丸直上而脫化。到此，高功卸五老冠。當宣生天寶籙至：

功德法事已周圓，諸真上聖各歸天。

今霄大説慈悲法，禮畢還當下寶壇。

衆舉：法橋大渡天尊。

（8）高功下臺，宣三皈依，謝神，法事圓滿。高功下臺至案前説文：

玄元開化道經師，普度人天朝太虛。
接引亡魂生仙界，當壇稽首禮皈依。

高功起跑馬韻：

稽首皈依無上道，回謝太乙救苦尊。
稽首皈依無上經，回謝十方靈寶尊。
稽首皈依無上師，回謝道場諸聖衆。

禮畢，高功説文：

法臺闡事已周圓，道侶聲聲讚洞玄。
三界至尊垂玉誥，五方童子捧金蓮。
幢幡接引朱陵府，鸞鶴迎歸碧落天。
奉送神儀登雲路，福留現在永綿綿。

衆念：生天得道天尊。高功至靈前說文：

辭別尊靈去，華堂再不逢。
今宵道場滿，送靈上南宮。
問來召請亡魂，行則行，
去則去，這回不必再疑慮。
閬苑蓬壺別有天，此間不是留魂地。
若問生途與死途，百歲光陰本虛無。
亡魂若悟原來相，隨吾華幡上帝都。
法衆慈悲，送亡脫化。

眾念：生天得道天尊。高功送出門外說文：

向來濟煉功德雲周，九玄七祖以超昇，四生六道而脫化，男乘白鶴，女跨青鸞，逍遥不夜之天，清静常明之境，伏願東極慈尊放祥光而接引，南丹真老指雲路以超昇。道歸三千金世界，常安常樂；天京十二玉樓臺，爰居爰處。千江有水千江月，萬里無雲萬里天，此夜好乘功德力，當來果報善因緣。

眾念：『天尊言，仇人冰洋，冤家債主，自消自滅，……』此時高功掐上天常訣，待眾念畢，高功說文：

亡魂亡魂，側耳遥聞，東赴蓬萊島，南向朱陵宮，西碎金剛地，北免寒冰苦，從此追薦後，舉步上南宮。仰憑道力，爲上良因，志心稱念太乙救苦天尊、九幽拔罪天尊、生天得道天尊，不可思議功德。

眾經師散班，施食科儀結束。

施食科儀中，高功行化諱法術上百次。化諱也稱化符，符是道士書寫的一種筆畫屈曲，似字非字的圖形或秘字。化諱是一種秘諱，有治病除昏、鎮邪、召神之功用。如施食科儀中高功祭孤，起柳枝雨韻後，天目書救苦諱『⿱雨羅』，米盂書諱『⿱雨餎⿱雨化』，水盂書諱『⿱雨餎⿱雨鉢』，這種諱就是道教的秘文。

五、當代齋醮巡禮

中國道教的齋醮儀式，經歷唐宋元明時期的興盛發展，臻於完備。當代道教齋醮科儀的各種法事，都沿襲明代舊儀，發展傳承至今。隨時代變遷，古代那種動輒數千人，長達數十日的國醮活動已基本絕跡，但在道教宮觀中，民間所需的各種用途的祭禮儀式，仍按傳統常規，如法如儀舉行。

當代道教齋醮科儀，分陽事與陰事，或清醮與幽醮。清醮用以祈福謝恩，祛病延壽，祝國迎祥，祈晴禱雨，禳災解厄，祝壽慶賀等，屬太平醮法事。幽醮用以攝召亡魂，沐浴渡橋，破獄破湖，煉度施食等，屬濟幽度亡醮法事。

全真齋醮中為人祝壽、祈福禳災的科儀有發奏、發檄、拜表、諸天供、齋供、迎聖、祝壽、開光、玉皇朝科、三清朝科、接駕朝科等二十多種。為人濟幽度亡的科儀有發文、宿啟、開路、破獄、度橋、薩祖鐵罐施食、祭煉朝科等二十多種。宮觀道衆每逢朔、望月（每月初一、十五），道教重要節日，祖師聖誕日，都要舉行慶賀、祝壽等典禮科儀。

現道教舉行的齋醮法事，一般是一夜或一晝夜完成。如舉行三天以上的齋醮，就要連續做多種法事，如開壇、請水、蕩穢、祀灶、揚幡懸榜、召將請神、安位供天等科儀，每天要行早朝、午朝、晚朝、上表、誦經、禮懺等。齋醮科儀有簡有繁，如蕩穢科儀有大蕩穢和小蕩穢，上表科儀有上大表和單朝表的區別，而上單朝表，又有大上和小上的區分。但無論法事的簡繁，都須依科闡事。

正一道常用齋醮科儀分表儀、朝儀、獻儀、燈儀、解星儀、祭天儀等三十類，分五方鎮宅、翻解、立獄、羣仙會、皇壇三寶、召孤魂、行香放燈、送表等三十餘種。現正一道仍常舉行的經懺有早晚功課、玉皇經懺、雷祖經懺、真武經懺、三官經懺、斗經斗懺、朝天懺、青玄懺、九幽懺等；常舉行的科儀有上表、供天、煉度、專煉、上供、發遞、亡斗、度橋、召魂、開啟、給籙、青玄朝、請聖等。

下面對當代道教的齋醮活動介紹數種，以見當代齋醮傳承發展的概況。

（一）開光大典

道教宮觀的神像開光大典，是宮觀新塑神像或重塑神像後舉行的開光科範儀式。凡宮觀新建成或新塑神像，都要選擇黃道吉日舉行開光科範儀式。開光典禮在宮觀中往往是十幾年甚至幾十年才能舉行一次，所以宮觀神像開光儀式是極隆重的慶典，是盛大的吉祥道場。開光，就是用明鏡把太陽之光，折射在新塑神像的眼睛上，由高功法師持筆為神像點睛、畫眉，這點睛之筆使神像最後完成。開光的意蘊是請神入目，請神入殿，開光後的神像才具有神靈之氣，能真正履行神的職責。

當代中國道教處於恢復發展時期，各地宮觀神像多係重塑，在宮觀重建、神像重塑後，都要舉行隆重的開光法會，以示慶祝。

一九九〇年三月二九日（農曆三月初三），山東嶗山太清宮舉行神像開光典禮。北京白雲觀監院黃信陽道長率九名經師和五名樂師參加開光科儀演習。典禮開始前，太清宮殿堂已是香煙繚繞，紅燭高燒，香花供奉，白雲觀經師虔誠祈禱誦經，樂隊演奏道樂曲牌《天河水》、《步虛》、《慢洞清》，美妙祥和的經韻渲染出神殿的肅穆氣氛。典禮開始，太清宮高道匡常修敬香上表，在《香供養》、《香花送》、《大讚詞》仙樂伴奏聲中，經師虔誠誦經，三位高功身著八卦法衣，沉靜、恭謹為太清宮新塑四十七尊神像洗面點睛開光，鞭炮齊鳴，法會進入高潮。太清宮神像開光典禮持續三天一夜，舉行了祝願、上表、超度法會。

一九九〇年十二月一日（農曆十月十五日，道教下元節），龍虎山天師府舉行祖天師聖像開光典禮。開光大醮舉行七天，是當代道教最盛大隆重的開光典禮，因為龍虎山天師府是歷代天師修道之地，是道教正一派祖庭，祖天師張道陵是道教祖師。

天師府開光法會的壇場布置莊嚴。頭門懸掛横幅：『熱烈歡迎海内外貴賓雅客道友信士光臨』。三門高掛的開光法壇横幅是：『正一祈祥平安開光大典』，兩側對聯是：『祖師金身耀壇宇』；『道炁靈光映乾坤』。三門兩側大旗杆書：『國泰民安』、『風調雨順』。三道門立六十多面小彩旗前後相映，迎風招展。各大門掛設燈籠，殿堂設宮燈、玻璃燈，殿堂紅燭高照，香煙繚繞。

當代正一派高道參加並演習了聖像開光科儀。天師府何燦然、龔鏡清、邱裕松三道長做請水安監齋、安龍奠土、行陣佈卦、書符傳遞科儀，黄有勝道長做申文發奏科儀，上海高道陳蓮笙做上表科儀，天師府李少華道長做淨壇科儀。十二月一日上午八點三十分舉行開光法事，天師府住持張金濤身著法衣，手執朝笏，在道樂伴奏下，沉着、恭敬地拈香跪拜後，高功汪少林道長上壇做開光科儀，至十時是開光最隆重時刻，禮炮三響，鞭炮齊鳴，法器樂器合奏，法會達到高潮，國内外各界來賓和信衆近萬人參加了觀禮。

一九九一年四月十五日（農曆三月初三日），山東省泰山碧霞祠舉行神像開光典禮，碧霞祠大殿供奉的主神碧霞元君是東嶽大帝之女，是最有聲望的道教女神。北京白雲觀監院黃信陽道長率領經師樂隊十六人前去泰山，舉行了開光科範儀式，為碧霞祠各殿堂神像洗面、點睛開光，隆重舉行了祝願、上表、超度法會。

一九九一年五月十四日，南嶽黃庭觀舉行神像開光典禮。黃庭觀供奉的主神是上清派宗師魏華存元君，南嶽道士為魏元君神像開光舉行了隆重的慶祝法會。

一九九二年十月二十日，蘇州玄妙觀舉行神像開光典禮。玄妙觀按道教傳統科儀舉行開光儀式，身著金繡法衣的高功為新塑的七〇餘尊神像洗面、點睛、開光。法會莊嚴肅穆，莅會道衆及各方嘉賓達千餘人。

開光大醮舉行的科儀程序是：清水安監齋、安龍填土、行陣佈卦、書符傳遞、申文發奏、啟師、揚幡、持榜、安監門、安壇、安天香、分燈、嘎玉、開光、迎鑾接駕、淨壇結界、進表、卷玉朝慶、下壇各處安泰、參祖謁社、拜斗、早午晚三朝、九皇轉斗、拜玉皇懺、漂放河燈、靈寶祭煉、披符拜表、解壇、小餓賑、謝師撤幕、圓滿送聖等。

道教神像開光典禮的舉行時間有一天、三天、五天、七天的不同，演習的科儀也簡繁有別，每座宮觀可根據情況予以增減。神像開光典禮最基本的程式有開壇、誦經、接駕、安座、開光等科儀。當代全真道的開光慶典，如做一天吉祥道場，從早至晚演習的科儀是：

1、開壇。宮觀住持和一名高功任壇主，壇主身著大黃繡花道袍、率數名身着大紅道袍的道士，在神殿神像前焚香、昇疏、三跪九拜。

2、臨壇經師誦唱經文。

3、接駕。高功手捧笏板，率經師、信士列隊在道觀院内繞行兩周，經師、信士每人手捧三炷香，接駕道衆邊走邊誦唱經文韻腔，道樂伴奏。然後由兩名高功，向神殿供諸神的牌位三跪九拜，衆經師齊誦《接駕經》。

4、安座。壇主與道士雙手捧神像牌位，恭敬安放在各自的神位上，三跪九拜。

5、來賓講話。

6、開光。一道士手持明鏡，站在神殿門邊，用鏡子將太陽光折射在神像眼睛上。這時，高功手握毛筆，點沾鷄血與朱砂，為神像點睛、畫眉、用毛巾淨臉、用梳子梳頭髮、鬍鬚、再用黃絹淨眼。此時開光科儀進入高潮。

7、為出家三年以上的道士冠巾。

8、衆經師誦《三官經》。

9、超度亡魂。向九幽拔罪天尊及靈牌昇疏，誦《度亡經》、《太上靈寶施食經》，為本宮觀羽化的道士超度亡魂。

（二）冠巾儀式

一九八八年十二月二十三日，青城山天師洞舉行冠巾儀式。這次冠巾儀式由江至霖大師任主壇，潘太坤任高功，傳元天大師任冠巾師，接受冠巾的有青城山及四川各宮觀道士三十六人。

冠巾是道教全真派的傳統科儀，凡學道三年以上的道士，都須求師冠巾，冠巾後方為正式皈依玄門，可修習正道，遵科行事。道教認為冠巾道士在天曹有案，如有功過，可照年照月，稽查對號，死後超昇，有諸神迎護。

冠巾科儀同其他齋醮科儀一樣，有一套完整的科儀程式，舉行儀式時，高功按科儀範本，依科行事。科儀開始，依科演習步虛、舉天尊、起吊掛、提綱、念白文、香文、發爐、念祝香咒、威靈咒、稱職、祝聖等程式。高功在稱職祝聖中，已申明為某道觀某弟子，謹遵玄規，度人接派，懇賜冠巾。以肅教儀事。祝聖啟神後，高功俯首說文：

願垂洞鑑：證盟冠巾，功德無量，無以爲獻，謹具疏文，對聖敷宣。

表白法師宣讀冠巾疏文畢。高功說：

疏文一卷，徹於琅函，就於壇前，用懲火化。

焚冠巾疏文時，衆經師誦《三清》、《四御》、《三官》、《靈官》等誥，高功起大讚，化表；化表畢，高功說送表文，說文。然後高功取梳子在香爐上熏，誦讚：

夫梳者，青松爲體，虛空爲用，萬象森羅，內外徘徊，聖手傳來天上寶，高擎偃月培仙材。

高功交梳與冠巾師，起小讚，衆咏：

十方真宰，三界群仙。乘鸞跨鶴赴經壇，證盟着衣冠，保佑新進，學道無災愆。

冠巾師執冠巾弟子髮下梳，說：

一梳四大險關無染無着，早起清靜之心，速登大乘之路，萬般惡意，一概消除。

冠巾弟子同念：大羅三寶天尊。冠巾師説：

二梳浮華名利，勿貪勿争，常存敬思之心，休行敗教之事，萬般妄想，一概消除。

冠巾弟子同念：玉皇赦罪天尊。冠巾師説：

三梳虚情幻境，勿入勿迷，速發剛勇之心，早斷紅塵之鎖，萬般俗念，一概消除。

冠巾弟子同念：三元赦罪天尊。冠巾師説：

四梳四恩高厚，常存報答，悟三乘之妙法，結三界之良緣，非禮之事，一概消除。

冠巾弟子同念：還功報德天尊。冠巾師說：

五梳五行攢簇，萬法歸一，舉心運念之愆，前世今生之罪，皈依法門，一概消除。

冠巾弟子同念：五靈五老天尊。煞板，衆念靈官咒。冠巾師囑咐冠巾弟子說：

天花落繽紛，靈官護汝身。
今日收髮起，不可動凡心。
若作還俗事，鑑察還報真。

冠巾師邊念邊將弟子頭髮收起，又取道袍誦讚：

衛護仙體，培養黃芽，逍遥海外會仙家，披月卧雲霞，不染塵沙，動静散金花。

冠巾師以道袍披冠巾弟子身，説偈：

布袍護衛萬年真，袖統乾坤帶掃雲。

高功念請冠巾贊：

心靈清静綉帶飄，仙風道骨月輪高。成就新根苗，他年好應詔，頂戴赴蟠桃。

冠巾師接冠，給冠巾弟子戴上，説偈：

萬神證盟引仙材，繚繞祥雲朵朵開。
金童玉女傳手詔，九重賜下冠巾來。

高功説文：

伏以信香飄緲，銀燭輝煌，起一朝誠信之心，脱萬劫輪迴之苦，他年功就，名列丹臺。九玄七祖，賴度接以超昇；百業千障，仰救濟以免難。永作三清之客，常爲玉帝之臣。謁十極妙玄之真人，會五老靈山之仙子。逍遥不論年月，散淡豈計春秋，方是人間丈夫，可稱玄門志士。五恩先謝，一念初真，叨禮家緣以斷念，次辭恩愛而皈玄。

新冠巾弟子向外拜，大衆同讚謝五恩：

一謝先祖培植恩，培植恩深兩離分。
劈開生死迷津路，跳出輪迴五苦門。
二謝父母養育恩，養育恩深兩離分。
劈開生死迷津路，跳出輪迴五苦門。
三謝弟兄扶助恩，扶助恩深兩離分。
劈開生死迷津路，跳出輪迴五苦門。
四謝朋友交義恩。交義恩深兩離分。

劈開生死迷津路，跳出輪迴五苦門。
五謝夫妻恩愛恩，恩愛恩深兩離分。
劈開生死迷津路，跳出輪迴五苦門。

新冠巾弟子叩謝五恩畢。燃香十炷，叩禮十方天尊，每禮一天尊聖號，上香一炷，禮拜畢，回壇讚咏跑馬韻：

玄功圓滿道儀宣，回壇送聖返瑤天。
旌幢叢叢歸碧落，鸞鶴對對舞雲間。
但願慈光照默佑，興揚道場永綿綿。
同秉虔誠三稽首，合壇道衆禮聖前。
稽首皈依無上道，回謝玄珠現象元始天尊。
稽首皈依無上經，因謝恒沙救度靈寶天尊。
稽首皈依無上師，回謝證鑑冠巾道德天尊。
向來誦經功德。上奉高真，下保平安，賜福消災，同賴善功，證無上道，一切信禮，志心稱念冠巾萬壽天尊，不可思議功德。

冠巾科儀結束，晚上要舉行施食濟幽法事，追薦三代宗親及十類無祀孤魂等衆。

（三）拜師儀式

一九八八年十月二十一日，上海欽賜仰殿舉行拜師儀式。一九八八年十二月十二日，上海白雲觀舉行拜師儀式。

『拜師』是道教的傳統儀式，道士要修行成為法師，主持醮儀，就得先拜度師為師父，由師父授職帖與徒弟，拜師後即以師徒相稱，符秘口訣，口口相授，徒弟繼承師父法統，宗師字輩代代相傳，每一代都有一法名，形成字輩，這是道教傳宗接代的重要手段。

拜師必須舉行拜師儀式。主持拜師儀式的有三師：保舉師、引進師、度師。上海道教的拜師儀式在宮觀大殿舉行，拜師儀式於上午一〇點開始，拜師的科儀程式是：

1、祝願。儀式開始，道衆衣冠整齊，步入大殿，點鼓後，身穿赭紅色法衣的班首位列左右。高功手執朝簡，頭戴五老冠，身披天仙法衣，領年青道衆在玉皇大帝聖像前進行祝願儀式。高功運諱上香、拈香宣表，默告通真，祈天禮聖。通過吟唱步虛，誦經禮誥，酌獻發願等程式，祝願正教興行，師承永昌。

2、上香。祝願完畢後，轉至天師神像前，向天師呈述，恭請天師光臨。上香即是通過焚香，供養列祖宗師。

3、啟師。在祥煙馥郁的氣氛中，高功及弟子誦念祖師聖號，禮請祖師降臨。

4、酌獻。向祖天師獻茶、果等供物。

5、宣表。高功宣表，將拜師之事稟告祖師。

6、送表。高功焚表於香爐，道衆恭送表文歸於師真。

7、圓滿。先由度師、徒弟二人分別向張天師叩拜，然後徒弟對度師頂禮，度師授與徒弟『神霄照帖』。最後，拜師儀式在優美的道樂聲中結束。

（四）進表科儀

進表科儀是當代道教流傳廣泛的齋醮科儀。上海及江南一帶道教的進表科儀最具特色，且舉行較頻繁。進表科儀，是將書寫信衆祈願的表文，通過法師步罡踏斗，飛送天庭，祈告上蒼，請衆神光臨醮壇，保泰生者，超昇亡者。進表科儀的程式是：

1、啟師。儀式開始，法鼓三通，打擊器樂齊鳴。在《迎仙客》道樂中，高功法師和衆經師入壇。三法師捧香雅步繞壇，咏唱香偈，經師念唱三符命。

2、瑶壇。在江南絲竹的柔和道樂中，法師同聲咏唱瑶臺偈：

瑤臺設象至京山，對越霄衢咫尺間。
羽駕乘風瞻御座，珠簾才卷睹天顏。
金鐘玉磬和清韻，鳳燭龍燈映寶臺。
三界十方齊降鑒，龐流鴻福遍塵寰。

3、分燈。高功及衆經師以唱白、羣答和燈炬揮舞等手法，表演分燈儀式，用日月星三光之慧，以接風火之光，成照破幽暗之燈，使陰靈脱離地獄。

4、金玉。法師以金鐘和玉磬為樂器，分別擊出天之聲和地數之韻，意即以天地陰陽之數，震蕩宇宙，引請天界萬聖千真、各部將吏，光臨壇場。

5、敕水。在雄壯威武的大鑼大鼓中，法師行敕水之法，借天界神真將吏之凛凛雄威，斬馘人間妖孽，肅清壇場塵氛，以便聖駕光臨。

6、請聖。衆經師咏唱仙樂《香水偈》、《風入松》、《九御》、《三寶偈》，迎請聖師在悠揚、舒緩的仙樂聲中，高功與衆經師遙望天顏，高功恭敬地再次熱香，灑法水，滌塵氛，迎接九御光臨。當請三清時，樂師們高奏嗩吶，似三清儀仗前呼後擁，鶴馭鸞車紛紛降臨。

7、燒香。聖駕光臨，高功開始燒香，奏仙樂《柳腰緊》，衆經師吟唱《三信禮》。高功在聖師引導下，禮拜九星，灑仙水於玄冥星下，然後叩齒三十六通，隨道曲而閉目存思北斗七星，九天之象。高功捧表熏香，在隆隆鼓聲中踏上八卦氈，持劍向四方劃符噀水，在悠揚的道樂聲中手持玉笏，步罡踏斗，法師步畢，最後俯伏在天門（西北方），以示到達天庭。

8、上齊沖表。沖表法師上前接表，在《送表偈》道曲聲中將表送到香爐焚化，然後接表師回壇復命，衆經師同唱《供養贊》，最後謝天師，回向，進表科儀，功德圓滿。

（五）羅天大醮

一九九三年九月十七日至二十九日，北京白雲觀隆重舉行羅天大醮，這是建國以來最盛大的齋醮儀式。

道教謂三界之上為大羅，羅天大醮是道教齋醮儀式中規模僅次於普天大醮（供三千六百醮位）和周天大醮（供二千四百醮位）的大型法事。宋大中祥符八年（一〇一五年），王欽若編定《羅天大醮儀》，道教三大醮儀遂並行於世，歷代多有舉行。

《靈寶玉鑑》說建諸大醮的作用：金籙醮可以清寧兩儀，參讚天地，祈天永命，致國休徵；玉籙醮可以固本守邦，斂福錫民，安鎮寰宇；黃籙醮可以祈禳星宿錯度，雨雪愆期，寒燠失序，兵戈不息，疫癘盛行，死亡無告，孤魂流落。其功德，難可盡述。凡建醮者，如能依式修崇，即可消弭災變，生靈蒙福，幽壤沾恩。

據羅天大醮委員會一九九三年九月十七日在北京白雲觀發佈的《中華道教名山宮觀啟建『羅天大醮』文告》說：

中華立國逾五千年，歷史悠久，文化璀璨，爲世界文明古國。道教乃根植於中華大地之古老宗教，以黃帝爲宗，太上爲教，尊奉太上老君爲教祖，尊《道德經》爲聖典。我道侶之根本信仰爲『道』。『道』爲造化之根，神明之本，天地之元，萬象以之生，五行以之成，生生成成，古今不移。牧之以君，訓之以師，咸暢其宜。祖先崇拜，神仙信仰，黃老學說爲我教宗仰之思想體系，據此闡發之教理、教義、經典、科儀、規戒、養生、法術等，爲中華民族傳統文化之重要組成部分。道教行世已近兩千年，爲祖國的繁榮發展作出了貢獻。

爲弘揚祖國文化，發揚道教優良傳統，海峽兩岸及香港地區各名山宮觀，各位大德尊師聚集北京白雲觀，舉行祈禱世界和平、護國佑民『羅天大醮』盛會，以祈天賜福人民爲目的，表達玄門弟子愛我中華之赤忱。

這次『羅天大醮』規模之大，壇場之多，實屬道教歷史上首次，其影響必然深遠。通過此次盛典，互相交流，互相學習，有利於道教科儀方面的恢復和發展。道教以積德行善爲本，慈、儉、不爲天下先爲玄門之三寶，我們虔誠啓告海内外同道及諸善信：

一、以慈惠爲教，使人性向善，安己利人而不落邪惡。
二、以清静爲教，使民智純正，寧静致遠而不忘根本。
三、以恭儉爲教，使心神健康，不驕不侈而節制奢慾。
四、以無爲爲教，使理智清明，有爲有守而戢止争攘。
五、以淵沖爲教，使思念精一，慧博多能而消除頑昧。
六、以素朴爲教，使了悟自然，洞明感應而屏絶詐僞。

上述六義確使人性遷善，民德歸厚。精誠祈禱上蒼賜福於國家，護佑人民，世界和平，人類幸福。凡我道中秀士、善信，當努力奉行，共建中華。

羅天大醮以北京白雲觀、香港青松觀、臺北指南宮為主壇，四川青城山、湖北武當山、西安八仙宫、廣州三元宫、上海白雲觀、蘇州玄妙觀、杭州抱朴道院等名山宫觀的大德尊師和美國、加拿大、澳大利亞青松觀組成經團，參加大醮演禮。羅天大醮共設十一壇：

都壇　北京白雲觀主持，設在老律堂。
皇壇　香港青松觀主持，設在玉皇殿前大棚中。

度人壇　臺北指南宮主持，設在四御殿前大棚中。
三元壇　美、加、澳、星青松觀主持，設在三官殿內。
祝福壇　四川青城山主持，設在邱祖殿內。
順星壇　湖北武當山主持，設在元辰殿前的大棚中。
救苦壇　西安八仙宮主持，設在救苦殿內。
如意壇　廣州三元宮主持，設在財神殿內。
吉祥壇　上海白雲觀主持，設在雷祖殿內。
朝真壇　蘇州玄妙觀主持，設在吕祖殿內。
報恩壇　杭州抱朴道院主持，設在八仙殿內。

羅天大醮供奉一千二百諸神聖位。大醮為滿足廣大積善信士的祈求願望，還專設延生壇和度亡壇（又稱青玄壇或濟幽壇）。延生壇用以祈福延生，消災解厄，祈求事業成功、健康長壽、吉祥平安。度亡壇用以追悼超度已故先人，超度寄撫着孝男孝女、同事、朋友等對已亡人的恩情和友誼，悼念與哀思，願亡靈獲得超度。

九月十七日，羅天大醮舉行開壇典禮。北京白雲觀前搭起彩色牌樓，欞星門上裝飾『祈禱世界和平，護國佑民羅天大醮』横額，並懸掛『國泰民安』、『風調雨順』等楹聯及大紅燈籠，山門前擺有太極圖案的花壇。白雲觀内吉星高照，旗幡飄揚，窩鳳橋上太極、八卦旗，五嶽、四靈旗迎風招展；皇壇前，二十八宿旗分列兩旁；度人壇前，三十六天將符旗豎立前方；其餘各壇前都列有名色旗幡。白雲觀充溢着濃郁的大醮氣氛。

九月十七日上午八時，羅天大醮歡迎典禮開始，羅天大醮委員會主席及來賓致詞，講話，宣讀羅天大醮文告。最後羅天大醮委員會主席和嘉賓向各經團授旗。

九點整，各經團雲集都壇老律堂，舉行莊嚴的開壇迎神儀典，為期十天的羅天大醮拉開序幕。按羅天大醮的儀程，九月十九日、二十二日、二十五日上午九時上大表；九月十八日、二十日、二十一日、二十二日、二十三日、二十五日下午六時舉行煉度施食；其他時間各壇舉行科儀道場。

三次上大表科儀由北京白雲觀、香港青松觀、臺北指南宮分別演習。煉度施食由各經團輪流在青玄壇啟建。各經團舉行的煉度科儀，主要有太乙煉、斗姆煉、鐵罐煉三種，但同一種煉度科儀，各經團的演習有其特色。香港青松觀的太乙煉，供奉『三清』神像。兩邊放置東華太乙救苦天尊寶幡，體現了香港道教奉『三清』、禮『太乙』的傳統道教思想。蘇州玄妙觀的太乙煉以『太乙』為主要尊神，科儀演習也與香港有一定差異。湖北武當山的鐵罐煉，以高功在中間專行作法，兩邊的法師主壇醮儀，儀式前還先用招魂幡招孤魂野鬼，反映出武當道齋醮的特色。上海白雲觀的斗姥煉，則以水火交煉來完成整個醮儀，以達超度亡靈之目的。

九月二十五日上午九時，羅天大醮委員會在人民大會堂湖北廳舉行捐贈儀式，將大醮功德收入一百萬元人民幣全部捐贈給『希望工程』，以表達玄門敬天愛民之赤忱。

九月二十六日下午，各經團雲集都壇老律堂，舉行隆重的圓滿送神道場，羅天大醮圓滿結束。當晚，羅天大醮委員會在人民大會堂宴會廳舉行慶祝羅天大醮圓滿結束宴會。

為配合北京白雲觀主壇的羅天大醮，四川省新津縣老君廟也同步舉辦羅天大醮法會，啟建虛皇壇和天壇，共做大小法事六十三朝，每日有信衆遊客數千人參觀法會，在『萬人緣』簽名册上簽名者達二萬五千餘人。九月二十七日的『漂放蓮燈』儀式，用四艘大船作行料和漂燈，其時盛況空前。

一九九三年，當代中國道教齋醮活動盛事頻傳：

五月三日至七日，北京白雲觀經樂團在新加坡，參加了新加坡道教總會主辦的『護國祈安大清醮暨超度大法會』。

七月十八日至二十日，江蘇茅山道院、上海白雲觀、蘇州玄妙觀、臺灣省高雄市文化院、臺北市文化三清宮、桃園市明聖道院、南投縣水里鄉受鎮宮、澎湖縣海靈殿等八個道教團體及宮觀，在茅山九霄萬福宮隆重舉行度亡黃籙大法會，超度並悼念抗日戰爭期間南京大屠殺中死難同胞。

農曆八月初五至初九日，浙江省樂清縣道教協會在鳳凰山紫芝道觀隆重舉行祈禱世界和平國泰民安道場，法事人數之多，規模之大，在當地史無前例。

九月北京白雲觀的羅天大醮，把當代道教齋醮活動推向高潮，這次醮會規模之大，參與道流之多，地域之廣，實屬亘古未見。

古老的齋醮儀式在今天，仍能表達人們對國家的光明前途，人民的康樂福祉，世界永久和平的美好願望和祈求。

國家圖書館出版品預行編目資料

步罡踏斗：道教祭禮儀典 / 張澤洪 編著
－初版－臺北市：大展 ，2000【民 89】
面 ； 21 公分 －（道學文化；4）
ISBN 978-957-468-012-2（平裝）
1. 道教－儀式

234　　89007866

步罡踏斗 道教祭禮儀典

ISBN 978-957-468-012-2

編著者／張 澤 洪
發行人／蔡 森 明
出版者／大展出版社有限公司
社　址／台北市北投區（石牌）致遠一路 2 段 12 巷 1 號
電　話／（02）28236031・28236033・28233123
傳　真／（02）28272069
郵政劃撥／01669551
網　址／www.dah-jaan.com.tw
E - mail／service@dah-jaan.com.tw
登記證／局版臺業字第 2171 號
承印者／傳興印刷有限公司
裝　訂／建鑫裝訂有限公司
授權者／四川人民出版社
初版 1 刷／2000 年（民 89 年） 8 月
初版 2 刷／2003 年（民 92 年） 9 月
初版 3 刷／2004 年（民 93 年） 5 月

定價／250 元

大展好書　好書大展
品嘗好書　冠群可期

大展好書　好書大展
品嘗好書　冠群可期